Athanasios Stogiannidis und Archimandrit Ilias Papadopoulos

Andreas
7F

Meine Glaubensreise

Band 1
Wer ist Gott?

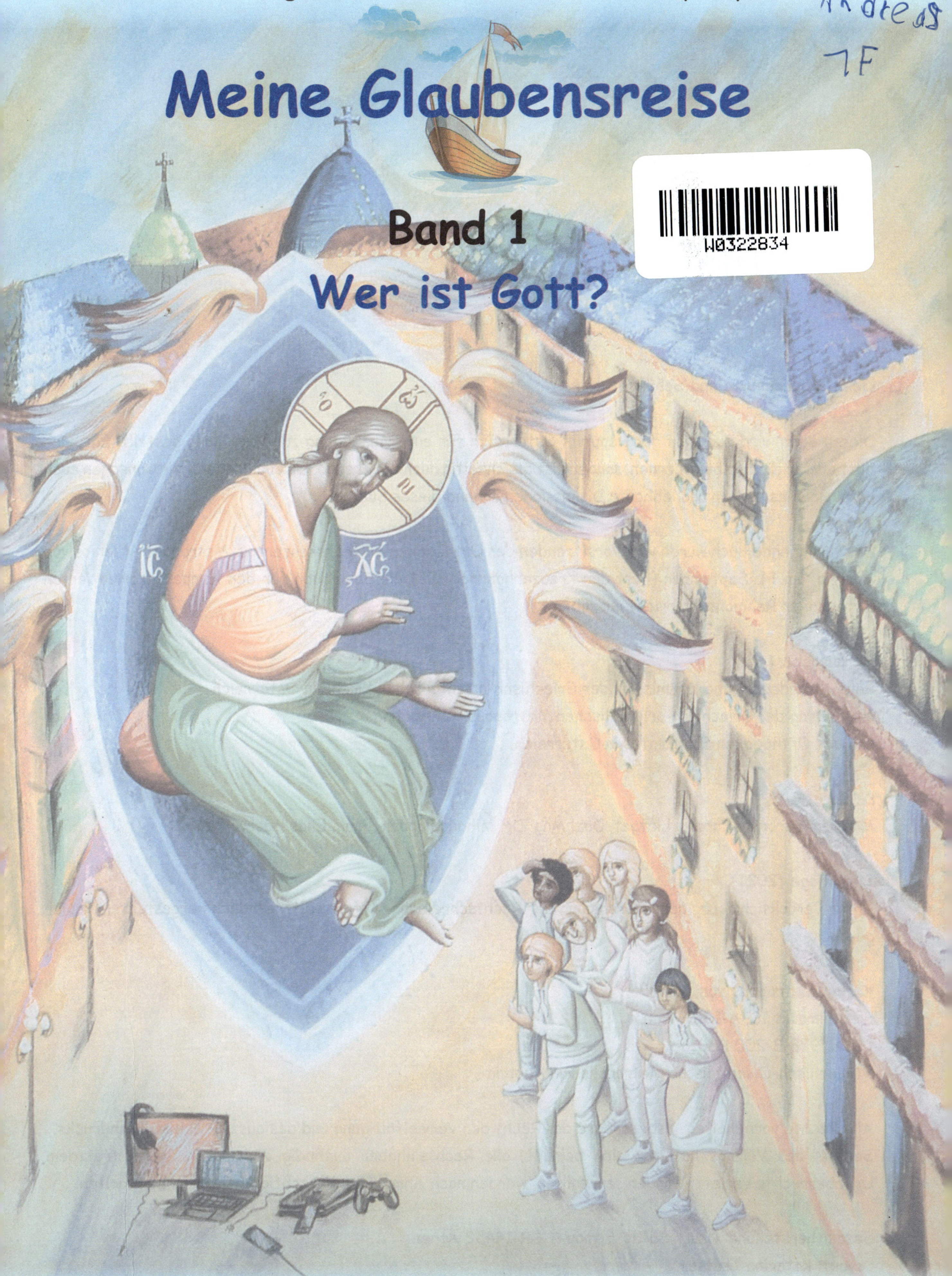

Orthodoxer Religionsunterricht MS/AHS-Unterstufe

Liebe Schülerinnen und Schüler!

Dieses Buch wird euch von der Republik Österreich für eure Ausbildung zur Verfügung gestellt. Ein Buch hilft euch nicht nur beim Lernen, sondern ist gleichzeitig auch ein Freund für euer Leben. Wir wünschen euch erfolgreiches Lernen und lebhafte Diskussionen anhand dieses Buches!

Das vorliegende Buch wurde vom Vorsitzenden der Orthodoxen Bischofskonferenz, Metropolit Arsenios von Austria, am 14. September (Fest der Kreuzerhöhung) 2021 als Schulbuch für den kompetenzorientierten Orthodoxen Religionsunterricht approbiert.

Herausgeber:
Religionspädagogische Kommission der Griechisch-orientalischen Kirche in Österreich
im Auftrag der Griechisch-orientalischen Metropolis von Austria
und des Orthodoxen Schulamtes in Österreich.

Lektorat:
Mag. Dr. Veronika Coroleu Lletget, Doz. Mag. Dr. Mihailo Popovic, Mag. Elias Haslwanter

1. Auflage (2021)
Unter Berücksichtigung der Neuregelung der Rechtschreibung. Auf umweltfreundlich hergestelltem Papier gedruckt.

Verlag Metropolis von Austria
Fleischmarkt 13, A-1010 Wien
ISBN: 978-3-200-08016-4

Gesamtherstellung: Druck Saitis, Ermou 4, GR-14452 Athen
Layout: Katerina Tsetseli

Meine Glaubensreise

Schulbuch

zur Verwendung für den kompetenzorientierten
Orthodoxen Religionsunterricht
der MS/AHS-Unterstufe

Band 1

Wer ist Gott?

(umfasst Themen aus dem Alten Testament)

ORTHODOXES SCHULAMT FÜR ÖSTERREICH

Meine Glaubensreise

Schulbuch

zur Verwendung für den kompetenzorientierten Orthodoxen Religionsunterricht der MS/AHS-Unterstufe

Band 1

Wer ist Gott?

(umfasst Themen aus dem Alten Testament)

Von

Athanasios Stogiannidis

und

Archimandrit Ilias Papadopoulos

Wissenschaftliche Begleitung:

Prof. em. Dr. Miltiadis Konstantinou, Aristoteles Universität von Thessaloniki

Prof. Dr. Sotirios Despotis, Nationale und Kapodistrian Universität von Athen

Ass.-Prof. Dr. Dr. Athanasios Stogiannidis, Aristoteles Universität von Thessaloniki

Ass.-Prof. Dr. Timoleon Galanis, Aristoteles Universität von Thessaloniki

Assoz.-Prof. Priester Dr. Ioan Moga, Universität Wien

Bild auf dem Umschlag:

„Christus segnet die Schülerinnen und Schüler"

von Chrysoula Samothraki

Acrylmalerei auf Leinwand 2021

Segenswort
des Leiters des Orthodoxen Schulamtes in Österreich

Es erfüllt mich mit großer Freude, die neue Schulbuchreihe „Meine Glaubensreise“ zu begrüßen. Ich bin davon überzeugt, dass alle drei Bände dieser Reihe sowohl für den Orthodoxen Religionsunterricht als auch außerschulisch für die Jugendseelsorge Verwendung finden werden.

Ich hoffe und wünsche, dass alle Schülerinnen und Schüler mit viel Freude die neuen Schulbücher in die Hand nehmen werden, und diese dazu beitragen werden, die Liebe zu Gott zu pflegen und immer weiter zu vertiefen. Möge der Unterricht dadurch in der Tat eine Gelegenheit der Gottesbegegnung werden!

Wien, im September 2021

Mit besten Segenswünschen,

† Metropolit Arsenios von Austria und Exarch von Ungarn

† Metropolit Arsenios von Austria

Vorwort der Religionspädagogischen Kommission der Griechisch-orientalischen Kirche in Österreich

Liebe Schülerin, lieber Schüler!

Das Buch, das du in den Händen hältst, ist eine Einladung, dich auf eine Reise zu begeben! Du wirst dich fragen, wieso und was das für eine Reise ist. Was ist das Ziel? Musst du einen Koffer packen? Natürlich nicht! Es geht um etwas ganz anderes: Ein außergewöhnliches Erlebnis, durch das du kostbare Schätze des Glaubens unserer Kirche entdecken wirst!

Der erste Band der Reihe „Meine Glaubensreise" beschäftigt sich mit spannenden Erzählungen aus dem „Alten Testament" und geht der Frage nach, wer Gott ist. Natürlich solltest du gut ausgestattet sein, mit Fantasie und Neugier! Das wird dir helfen, neue Erfahrungen zu machen. Durch die Erzählungen des auserwählten Volkes Israel wirst du entdecken, wie Gott sich offenbart und wie die Menschen darauf geantwortet haben.

Mit der Herausgabe dieses Buches wird ein wichtiger Meilenstein für den Orthodoxen Religionsunterricht in Österreich gesetzt, da es das erste Schulbuch für dieses Lehrfach der Sekundarstufe überhaupt ist.

Wir wünschen dir eine inspirierende Glaubensreise!

Wien, im September 2021

Athanasios Stogiannidis - Priester Ioan Moga
Branislav Djukaric - Archimandrit Ilias Papadopoulos

Inhaltsverzeichnis

Anhänge

Einführendes

Ich finde mich in meinem neuen Buch zurecht

1.

Mein neues Religionsbuch gehört zur Reihe: „**Meine Glaubensreise**".

2.

Diese Reihe setzt sich aus **3 Bänden** und insgesamt **30 Lektionen** zusammen.

3.

Band 1: „**Wer ist Gott?**" besteht aus **9 Lektionen**, welche Themen aus dem ersten Teil der Bibel, also dem Alten Testament, umfassen.
Band 2: „**Christus, meinen Gott, näher kennen lernen**" besteht ebenfalls aus **9 Lektionen**, welche Themen aus dem zweiten Teil der Bibel, also dem Neuen Testament, umfassen.
In diesen Bänden werden biblische Erzählungen, die ich schon in der Volksschule gelesen habe („Die Bibel in kurzen Erzählungen"), aus orthodoxer Sicht näher erläutert.
Band 3: „**In Christus leben!**" besteht aus **12 Lektionen**. Hier werde ich zunächst mit der frohmachenden Kraft des Gebetes vertraut gemacht. Ebenfalls werden mir Wege aufgezeigt, wie ich mein Leben in der heutigen Gesellschaft aus dem Geist des christlichen Glaubens gestalten kann.

4.

Am Anfang jeder Lektion finde ich die jeweiligen Ziele dieser Einheit. Jede **Lektion** besteht aus **fünf Teilen**, die einem vollständigen Lernzyklus entsprechen. Diese sind jeweils durch eine bestimmte Eule und durch die Farben **Purpurrot** A, **Blau** B, **Grün** C, **Orange** D und **Lila** E gekennzeichnet. Der Lernweg von einem Teil zum nächsten ist durch ein kleines Segelboot dargestellt, das von einem Ort zum anderen segelt.

Erster Teil	Zweiter Teil	Dritter Teil	Vierter Teil	Fünfter Teil
A Neues entdecken	B Entdecktes erklären	C Ich schaue auf mein Lernen heute zurück	D Zeit zum Spielen	E Reflektieren und Schreiben im Lerntagebuch
Hier finde ich den neuen Lernstoff, der mit den entsprechenden Erzählungen aus der Bibel umgeben ist…	…und weiterführende Erklärungen, die mir mit der Zeit helfen werden, eine in Bezug auf meinen Glauben orthodoxe Ausdrucksweise zu entfalten.	In diesem Teil kann ich anhand der insgesamt 39 Fragen das Wichtigste jeder Lektion zusammenfassen.	Hier werden mir insgesamt 65 erlebnisorientierte Aufgabenvorschläge angeboten, die den folgenden Kompetenzbereichen entsprechen: **E**rfahren **B**egreifen **A**nalysieren **U**rteilen. Jeder Aufgabenvorschlag entspricht einem bestimmten Typus, der benannt wird und dessen Vorgang genau beschrieben wird.	Zuletzt werde ich eingeladen, meine Gedanken mit Hilfe bestimmter Satzmuster zum Ausdruck zu bringen. Natürlich kann ich auch frei formulierte Gedanken aufschreiben. Dieses Blatt kann ich anschließend vom Buch abtrennen und in meiner Dokumentenmappe für den Religionsunterricht (Portfolio) aufbewahren.

5.

Der Pinsel bedeutet, dass ich etwas malen kann.

Die Kopfhörer, dass ich mir etwas anhören kann.

Das Videozeichen, dass ich mir etwas ansehen kann.

6.

Texte aus der Bibel sind im Rahmen einer Papyrusrolle zu finden. Für die Übersetzung der biblischen Texte ins Deutsche wurde die Ausgabe „Septuaginta“ der Deutschen Bibelgesellschaft (1979) benutzt. Berücksichtigt wurden in Bezug auf die Übersetzung der Texte auch folgende Schulausgaben: „Orthodoxe Schulbibel“ (2015) und „Bibel – Einheitsübersetzung der Heiligen Schrift“ des katholischen Bibelwerks in Österreich (2019), sowie die Ausgabe „Bibel für junge orthodoxe Christen“ (2019).

7.

Kommentare der Kirchenväter und anderer Personen sind auf einem „Old Paper“ - Rahmen zu finden.

8.

Alles, was wichtig und wesentlich für das Verständnis in Bezug auf die Bibel ist, finde ich unter der Bezeichnung „Schlüsselwissen“.

9.

Auf die Lektionen 7, 8 und 9 folgt jeweils ein kurzer historischer Überblick, der mir ein vollständiges Bild in Bezug auf die Geschichte Israels, wie diese aus den Büchern des Alten Testaments zu verfolgen ist, von der Zeit der Patriarchen (1800 v. Chr.) bis zur Zeit Jesu Christi verschafft. Dies alles ist mit der Bezeichnung „Pinnwand“ gekennzeichnet.

10.

In den Lektionen werde ich bei verschiedenen Begriffen folgendes Zeichen finden: (*). Dies verweist mich auf das „Glossar“ im Anhang des Buches. Dort werden insgesamt 13 Begriffe in alphabetischer Reihenfolge näher erläutert.

11.

Im Schulbuch finde ich einen Überblick (S. 20-21) über die Bücher des Alten Testaments und wichtige Ereignisse der Geschichte des Gottesvolkes Israel im Strom der Zeit. Die Namen der Bücher in Klammern stammen aus der „Septuaginta“.

Wer ist Gott?

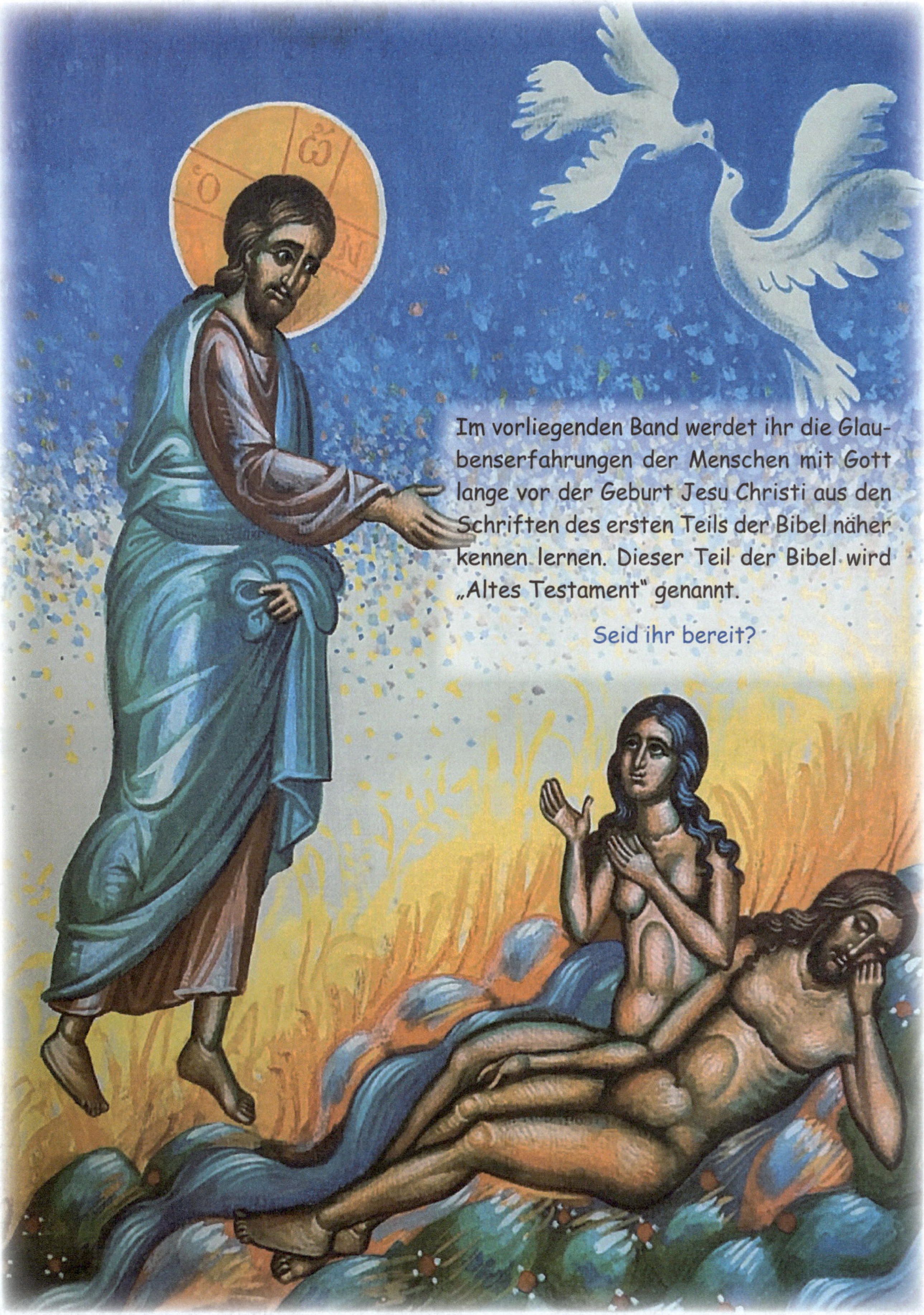

Im vorliegenden Band werdet ihr die Glaubenserfahrungen der Menschen mit Gott lange vor der Geburt Jesu Christi aus den Schriften des ersten Teils der Bibel näher kennen lernen. Dieser Teil der Bibel wird „Altes Testament“ genannt.

Seid ihr bereit?

Erster Teil der Bibel: Die 4

Patriarchen
um 1800 v. Chr.

Auszug
um 1250

Einzug Kanaan
um 1200

Richter
bis 1000

Reichsteilung
10. Jahrhundert

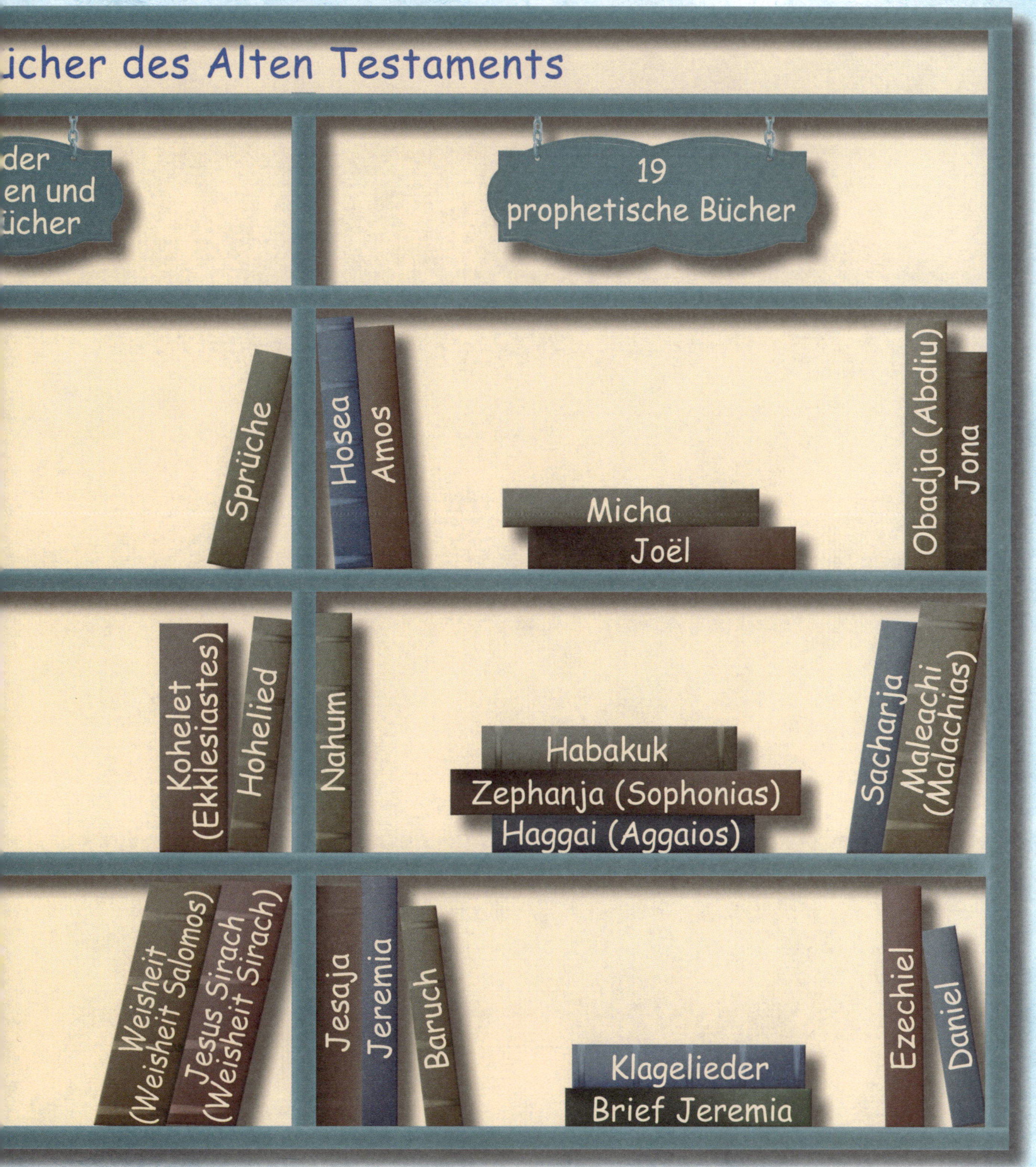

Könige bis 587	Exil 587-538	Septuaginta um 250	Geburt Christi um 0	Kanonisierung AT 4. Jahrhundert

Nachdem du dich mit der folgenden Lektion auseinandergesetzt hast, kannst du:

- die Bücher des Alten Testaments in Gruppen einordnen
- beschreiben, wie der erste Teil der Bibel im Laufe der Geschichte als eine Sammlung von verschiedenen Büchern zusammengesetzt worden ist
- erklären, warum der Inhalt des Alten Testaments von Christen und Juden als Offenbarung Gottes verstanden wird
- die Bedeutung des ersten Teils der Bibel für die heutigen Christen entdecken

Lektion 1: Altes Testament – Was ist das?

1.1 Den ersten Teil der Bibel durchblättern...

Der erste Teil der Bibel wird „Altes Testament" genannt. Dieser Teil besteht aus **49 Büchern**, die alle sehr auffallende Titel haben. So lesen wir zum Beispiel: „Genesis", „Psalmen" oder „Jesaja". Auch die Inhalte dieser Bücher sind sehr abwechslungsreich: Gedichte, Familiengeschichten, Weisheiten, Sprüche, Gebete.

Aber alle Schriften haben etwas gemeinsam: Sie beschreiben die Erfahrung der damaligen Menschen mit Gott - im täglichen Leben, und auch in Bezug auf wichtige Ereignisse der Geschichte der Menschheit. Das bedeutet, dass das Alte Testament für die Kirche Offenbarung Gottes ist.

Die Anzahl der Bücher des Alten Testaments unterscheidet sich in den christlichen Konfessionen*: Für die römisch-katholische Christenheit besteht der erste Teil der Bibel aus 46 und für die evangelischen Christen aus 39 Büchern.

Unsere 49 Bücher können wir in drei Gruppen einteilen:

- Die erste Gruppe umfasst 23 Bücher, deren Inhalt geschichtlich ist. In den ersten fünf Büchern, die man auch als „Gesetzesbücher" bezeichnet, werden wir mit den Anfängen der Geschichte des Volkes Israel bis zu dessen Befreiung aus der Sklaverei in Ägypten vertraut gemacht. In den übrigen Büchern lesen wir über den Einzug Israels ins verheißene Land bis zur Rückkehr aus der Babylonischen Gefangenschaft.

- Zur zweiten Gruppe gehören 5 Lehrbücher, die Weisheitslehren und Sprichwörter beinhalten, und 2 poetische Bücher, bestehend aus Gebeten und Liedern.

- In der dritten Gruppe finden wir 19 prophetische Bücher. Die Propheten verkündeten das Wort Gottes, das heißt, sie waren Boten Gottes, die das Unrecht und die Gottlosigkeit kritisierten, aber auch den Willen Gottes verkündeten.

1.2 ...und seine Entstehung entdecken

Man könnte die Entstehung der Schriften des Alten Testaments, das auch die Heiligen Schriften des Volkes Israel beinhaltet, in mehrere Stufen gliedern:

- Wahrscheinlich tauschten die Menschen verschiedener Stämme anfangs ihre Erfahrungen über Gott und Sein Handeln mündlich untereinander aus. So entstanden um 1500 v. Chr. die ersten mündlichen Traditionen, die aus Geschichten, Liedern, aber auch Sprüchen zusammengesetzt sind. Im Mittelpunkt dieser stand natürlich immer die tiefe Überzeugung der Menschen, dass Gott aus Liebe in ihr Leben eingreift.
- Jahrhunderte später, zwischen 950 und 600 v. Chr., werden diese mündlich tradierten Erfahrungen wahrscheinlich auf Papyrus (aus der gleichnamigen Pflanzenart) oder Tontafeln niedergeschrieben.
- Diese Sammlungen von Texten wurden ab 500 v. Chr. von verschiedenen Personen gesammelt, überarbeitet und geordnet. So entstand nach einem vielschichtigen Verfahren und mehreren Jahrhunderten eine Sammlung, die für das gesamte Volk Israels als „Heilige Schriften" galt. Diese Schriften wurden überwiegend in hebräischer Sprache verfasst.

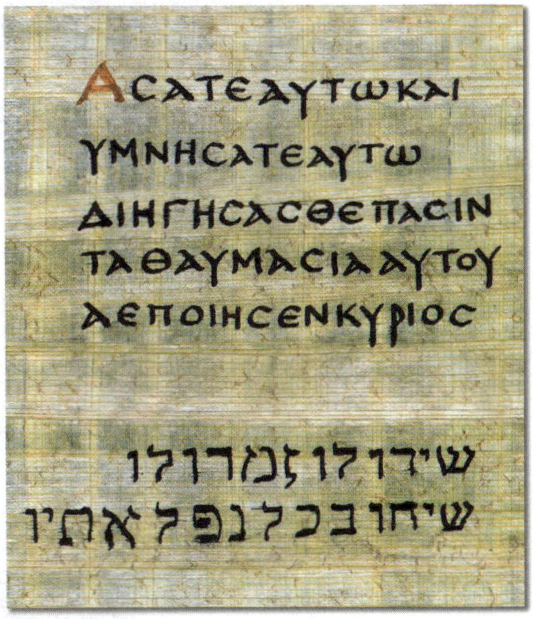

- Die oben genannte Sammlung wurde um das Jahr 250 v. Chr. von mehreren gelehrten Personen aller Stämme Israels, die im Ausland lebten (Ägypten), in die hellenistische Umgangssprache (Koiné) übersetzt. Diese Ausgabe ist als „Septuaginta" („Übersetzung der Siebzig" - Personen) bekannt geworden.

- Im 4. Jahrhundert n. Chr. haben dann die Christen die „Septuaginta" als den ersten Teil ihrer Bibel festgelegt („Kanonisierung" im Sinne von „heilig erklärt") und mit dem Begriff „Altes Testament" bezeichnet. Dies bedeutet nicht, dass dieser Teil der Bibel als antiquiert zu verstehen ist. In der Wissenschaft wird auch der Begriff „Erstes Testament" benutzt.

- Eine Übersetzung des hebräischen Urtextes ins Lateinische hat im späten 4. Jahrhundert n. Chr. der Kirchenvater Hieronymus vorgenommen. Diese wird als „Vulgata" bezeichnet.

1.3 Offenbarung Gottes für Juden und Christen...

Ein Teil der christlichen Bibel ist in der hebräischen Bibel wiederzufinden. Aber was das Verständnis und die Auslegung dieser Texte betrifft, ist man sich nicht einig.

Wir haben bereits erwähnt, dass die ersten fünf Bücher des Alten Testaments auch als „Gesetzesbücher" bezeichnet werden. Die hebräische Bezeichnung lautet „Thora", was unter anderem „Gesetz", „Gebot" oder auch „Weisung" bedeutet. Hier erkennen die Juden zwar auch eine Offenbarung (Erscheinung) Gottes, die aber nicht auf die Person Jesu Christi bezogen ist.

Für uns Christen, bemerkt der Kirchenvater **Basilius von Selevkia**, ist Jesus der lang erwartete „Messias" (wörtlich „der Gesalbte", griechisch „Christós"), von dem bereits im Alten Testament die Rede ist und dessen Ankunft angekündigt wird. In diesem Sinne spricht man von „Verheißung" im Alten Testament und von „Erfüllung" im Neuen Testament. Das Versprechen Gottes wird letztendlich mit Seiner Menschwerdung eingehalten (*Apostelgeschichte* 13, 32-33).

Maximus der Bekenner schreibt, dass Gott in Seinen Offenbarungen immer derselbe ist. Was sich ändert, ist die Art und Weise, wie der Mensch an diesen teilhat. Die Teilnahme des Menschen an der Offenbarung Gottes zur Zeit des Alten Testaments hat die Form eines Schattens. Was der Mensch aber zur Zeit des Neuen Testaments von Gottes Offenbarung wahrnehmen kann, ist ein Bild all dessen, was er in Seinem zukünftigen Reich erfahren wird. Alles, was wir hier und heute in der Kirche erleben, wird seine Vollendung in der Endzeit haben. Einen Vorgeschmack auf das Leben im Reich Gottes* haben wir bereits mit der Menschwerdung Gottes erhalten können. Die Fülle dieses Lebens wird uns dann in der Ewigkeit offenbart!

1.4 ...und für uns heute?

Die Schriften des Alten Testaments sind teilweise über 3000 Jahre alt und deren Ursprünge noch älter. Trotzdem ist es eines der meistgelesenen Bücher weltweit.

Viele Texte aus dem ersten Teil der Bibel, also dem Alten Testament, können wir im liturgischen Leben unserer Kirche wiederfinden. Unsere Göttliche Liturgie und andere Gottesdienste, deren Wurzeln im Judentum zu finden sind, sind ohne das Alte Testament nicht denkbar.

Das Buch der „Psalmen" zum Beispiel war und ist das Vorbild der liturgischen Dichtung („Hymnographie") unserer Kirche, das immerwährend im Leben der Kirche als Gebetsmittel sowohl für die Bitten als auch für die Danksagungen verwendet wurde.

Natürlich fragen sich viele Christen auch, wieso wir überhaupt die Geschichte des Volkes Israels in Bezug auf unseren Glauben lesen und kennen müssen?

Georgi Florovski, ein orthodoxer Priester und Theologe, erklärte treffend:

- Die Kirche hat seit ihren Anfängen immer die Schriften des Alten Testaments in ihrem Leben benutzt.
- Auch Jesus Christus weist auf diese Schriften hin, um den Menschen Seiner Zeit bekannt zu machen, dass Er der Messias ist.
- Außerdem benutzten die Personen, denen die Bücher des Neuen Testaments zugeschrieben werden, in ihren Werken diese Schriften, um zu zeigen, dass mit Jesus Christus alle Prophezeiungen, die im Alten Testament zu lesen sind, nun erfüllt worden sind. Allein im „Evangelium nach Matthäus" wird auf 130 biblische Stellen des Alten Testaments hingewiesen.
- Fast alle Kirchenväter haben die Schätze des Alten Testaments bewahrt und theologisch entfaltet. Für sie waren diese Schriften eine ewige Offenbarung, die sich an alle Menschen und alle Völker richtete, auch wenn das Wort Gottes nur von den Propheten an das Volk Israel ausging.

Die Schriften allgemein sind keine gewöhnlichen geschichtlichen Texte. Sie beschreiben aufgrund verschiedener Ereignisse der Geschichte des Volkes Israel die Geschichte der Beziehungen Gottes zur Menschheit. Sie beinhalten das Wort Gottes. Sie sind Seine Nachricht an alle Generationen. Und Jesus Christus ist der Anfang und das Ende dieser Schriften, das Herz der Bibel.

- Was ist eigentlich ein „Kirchenvater" (oder auch eine „Kirchenmutter") ? Eine Person, die mit ihrem Wissen und durch die Erleuchtung Gottes zur Ausformung der christlichen Lehre enorm beigetragen hat. Fast alle „Väter" und viele „Mütter" der Christenheit haben sich mit der Auslegung der Bibel auseinandergesetzt. Mit ihrer Hilfe können wir die Bibel einfacher verstehen. Sie sind ein „Kompass", der uns die sichersten Wandertouren durch die Bibel verschafft.

- Das Wort „Bibel" stammt aus dem Griechischen und bedeutet „Buch". Die Bibel ist also eine Sammlung von Büchern, die in zwei größere Teile gegliedert werden: Der erste wird „Altes Testament" (Abkürzung AT/49 Bücher) und der zweite „Neues Testament" (Abkürzung NT/27 Bücher) genannt.
- Die Bibel wird auch „Heilige Schrift" oder „Buch der Bücher" genannt. Für uns Christen sind diese Bücher in Bezug auf unsere Erlösung wichtig: Sie zeigen uns, wie wir unserem Leben einen Sinn verleihen können, wie wir uns Gott zuwenden können, wie wir mit der Gnade Gottes* vollkommen werden können.
- Die erste gedruckte Ausgabe der Bibel war die von Gutenberg um das Jahr 1454. Die biblischen Texte waren zunächst fortlaufend ohne Kapitel und Verse, wie wir sie heute kennen. Wenn wir auf eine biblische Stelle verweisen wollen, nennen wir zuerst den Namen des Buches. Man kann diesen auch abgekürzt angeben. Dann geben wir die Nummer des Kapitels des Buches bekannt und zuletzt die Zahl oder Zahlen, die auf den Vers oder die Verse verweisen. Dies wurde üblich, um eine Stelle in der Bibel leichter finden zu können (zum Beispiel: *Genesis* oder *Gen* 1, 1).

Der Ausdruck „Altes Testament" wurde zum ersten Mal vom **Apostel Paulus** benutzt (2. *Brief an die Korinther* 3, 14). Er betont ebenfalls, dass alles, was einst geschrieben worden ist, zu unserer Aufklärung und Festigung im Glauben beiträgt (*Brief an die Römer* 15, 4).

- Folgendes sollte noch erwähnt werden: Die Bücher des Alten Testaments wurden nicht in der zeitlichen Reihenfolge verfasst, in der sie in der christlichen Bibel gereiht sind.
- Die Kirche verwendet den Begriff „Inspiration", um zu zeigen, dass die Bibel Offenbarung Gottes ist. Der Geist Gottes wirkt in den Verfassern der Texte und fördert sie in ihrer Aktivität. Gott und Mensch handeln in einer erstaunlichen Art und Weise gemeinsam.
- Handschriften des Alten Testaments sind uns keine erhalten, aber mehrere Abschriften. Die älteste Abschrift, die wir besitzen, stammt aus den Qumranschriftrollen, die zufällig 1947 in der Nähe des Toten Meeres ans Licht gekommen sind. Es handelt sich hier um den vollständigen Text des prophetischen Buches „Jesaja" aus dem 2. Jahrhundert v. Chr. in Hebräisch auf Pergament (Haut von Ziege oder Schaf - Vorläufer des Papiers) geschrieben.

1. Wie wird der erste Teil der Bibel bezeichnet? Aus wie vielen Büchern besteht dieser Teil?

2. Was ist die „Septuaginta"?

3. Sind für die Kirche die beiden Teile der Bibel miteinander verbunden? Begründe deine Antwort.

4. Aus welchem Grund wurden die Texte des Alten Testaments überhaupt geschrieben? Wollen die Verfasser den Lesern genaue geschichtliche Informationen vermitteln? Oder ist der Grund ein anderer?

Erfahren

1. Bild betrachten/ eine Aussage treffen/ sich fragen

Auf dem Bild unten könnt ihr eine Person erkennen, die ihre persönlichen Erfahrungen niederschreibt. Versucht anschließend auf folgende Fragen einzugehen:

a. Führt ihr auch ein persönliches Tagebuch? Falls dies der Fall ist: Welche Erlebnisse oder Aktivitäten oder Gedanken zeichnet ihr auf?

b. Habt ihr bereits eine Erfahrung mit einem digitalen Tagebuch gemacht? Hier kann man zum Beispiel auch Fotos in die Texte einfügen.

c. Besprecht mit eurer Sitznachbarin/ eurem Sitznachbarn folgenden Satz: „Die Heilige Schrift ist die Aufzeichnung der Erfahrung der Begegnung der Menschen mit Gott". Könnt ihr gewisse Ähnlichkeiten zwischen der Bibel und einem Tagebuch und modernen Tagebuchstrukturen erkennen?

Begreifen

2. Bildunterschrift verfassen
Auf dem Bild ist der Evangelist Lukas zu erkennen. Betrachtet das Bild genau und verfasst eine Bildunterschrift.

3. Bild betrachten/ eine Aussage treffen/ sich fragen
Besprecht anschließend in der Klasse folgende Themen:

- **a.** Der Evangelist schaut ein wenig skeptisch aus. Oder nicht?
- **b.** Worüber könnte er nachdenken?
- **c.** Was schreibt er in das offene Buch (vor ihm)?

4. Im Internet recherchieren
Zuletzt macht euch mit Hilfe der Lehrperson mit der Biographie dieser Person vertraut.

Bildunterschrift:

....

....

....

....

Analysieren

5. Über Bekanntes nachdenken/ weiter nachforschen

Schaut euch genau das Bild an. Es handelt sich um ein Detail aus der Feier des Heiligen und Großen (oder Hohen) Freitags, an dem die Kirche der Grablegung Jesu Christi gedenkt.

a. Was macht den Inhalt des Bildes aus? Nur zur Information: Das „Evangelienbuch" oder „Evangeliar" wird im Leben der Kirche nicht nur als Wort Gottes, das vorgelesen wird, sondern auch als liturgisches Gerät verwendet.

b. Wann und wie wird das Evangelium im liturgischen Leben der Kirche verwendet? Aus welchem Grund glaubt ihr, ist es so wichtig im liturgischen Leben der Kirche?

Urteilen

6. Eine biblische Stelle kommentieren

«Selig der Mann, der nicht nach dem Rat der Frevler geht, nicht auf dem Weg der Sünder steht, nicht im Kreis der Spötter sitzt, sondern sein Gefallen hat an der Weisung des Herrn, bei Tag und bei Nacht über seine Weisung nachsinnt.» (*Psalmen* 1, 1 - 2).

«Die Worte des Herrn sind reine Worte, Silber, geschmolzen im Ofen, von Schlacken gereinigt siebenfach.» (*Psalmen* 11, 7).

a. Versucht mit Hilfe der Lehrkraft, euch mit den oben zitierten Versen aus dem Buch der „Psalmen" auseinanderzusetzen.

b. Besprecht anschließend in der Klasse folgende Themen:

(1) Wieso, glaubt ihr, sollte derjenige, der wahrhaftig an Gott glaubt, ständig an Seine Worte denken? Was bedeutet dies für die Christen unserer Zeit?

(2) Aus welchem Grund wird das Wort Gottes als „rein", „geschmolzenes Silber im Ofen" und „siebenfach gereinigt" bezeichnet? Hat diese Bezeichnung für euch eine Bedeutung? Begründet eure Meinung.

7. Eine biblische Stelle literarisch wiedergeben

Zuletzt versucht, nachdem ihr das Bild unten betrachtet habt, die oben zitierten Verse mit eigenen Worten, auch in der Form eines Gedichts, wiederzugeben.

Ich habe in dieser Lektion entdeckt...

Reflektieren und Schreiben im Lerntagebuch
Lektion 1: Altes Testament – Was ist das?

Besonders hat mich beeindruckt...

Über Folgendes denke ich nochmal nach (und frage mich, ob/ warum/ wie)...

Reflektieren und Schreiben im Lerntagebuch
Lektion 1: Altes Testament – Was ist das?

Bedeutsam für mein Leben ist...

Nachdem du dich mit der folgenden Lektion auseinandergesetzt hast, kannst du:

- die tatsächliche Absicht der Bibel in Bezug auf die Erzählung über die Entstehung von Himmel und Erde aufzeigen
- den sogenannten „Fall des Menschen" als eine Konsequenz seiner eigenen bewussten Entscheidung, sich von Gott zu trennen, erklären
- den Begriff „Abbild Gottes" näher erläutern
- die biblische Erzählung über die Schöpfung Gottes nicht als einen naturwissenschaftlichen, sondern als einen religiösen Text wahrnehmen

2.1 Die Entstehung von Himmel und Erde

Das erste Buch des Alten Testaments und der Bibel wird mit dem Namen „Genesis" bezeichnet. Das Wort stammt aus dem Griechischen und bedeutet „Schöpfung" oder auch „Ursprung". Im 1. und 2. Kapitel finden wir die zwei Erzählungen über die Erschaffung von Himmel und Erde, aber auch den Ursprung der Menschheit.

Lesen wir gemeinsam die folgenden Verse aus der ersten Erzählung über die Entstehung der Welt und des Menschen:

«Im Anfang schuf Gott Himmel und Erde; die Erde war aber wüst und wirr, Finsternis lag über der Urflut und Gottes Geist schwebte über dem Wasser. [...] Gott sprach: „Es werde Licht". Und es wurde Licht. [...] Es wurde Abend und es wurde Morgen: erster Tag. Dann sprach Gott: „Ein Gewölbe entstehe" [...] Gott machte also das Gewölbe [...] So geschah es. [...] Gott sprach: „Lichter sollen am Himmelsgewölbe sein" [...] Gott machte die beiden großen Lichter [...] Es wurde Abend und es wurde Morgen: vierter Tag. [...] Dann sprach Gott: „Das Land lasse junges Grün wachsen, alle Arten von Pflanzen" [...] Dann sprach Gott: „Das Land bringe alle Arten von lebendigen Wesen hervor" [...] Dann sprach Gott: „Lasst uns Menschen machen als unser Abbild, uns ähnlich". [...] Es wurde Abend und es wurde Morgen: der sechste Tag. So wurden Himmel und Erde vollendet und ihr ganzes Gefüge. [...] Und Gott segnete den siebten Tag, nachdem er sein ganzes Werk vollbracht hatte. [...] Das ist die Entstehungsgeschichte von Himmel und Erde, als sie erschaffen wurden.»

(*Genesis* 1, 1 - 2, 4).

Der Plural im Ausdruck «Lasst uns Menschen machen...» ist für die Kirchenväter ein Hinweis auf die drei Personen Gottes: Vater, Sohn und Heiliger Geist.

In der oben angeführten Erzählung fällt uns Folgendes auf:

- Gott erschafft Raum und Zeit.
- Alles Sein und Leben entsteht durch das Wort und die Hände Gottes.
- Der Mensch ist nach dem Abbild Gottes und Gott ähnlich geschaffen worden.

Nur im ersten Kapitel treffen wir das Wort „Gott" dreißig Mal an. Dies weist natürlich klar auf die Absicht des Verfassers dieses Textes hin: Alles, was existiert, hat seinen Anfang bei Gott. Er ist der Grund der Entstehung aller Dinge!

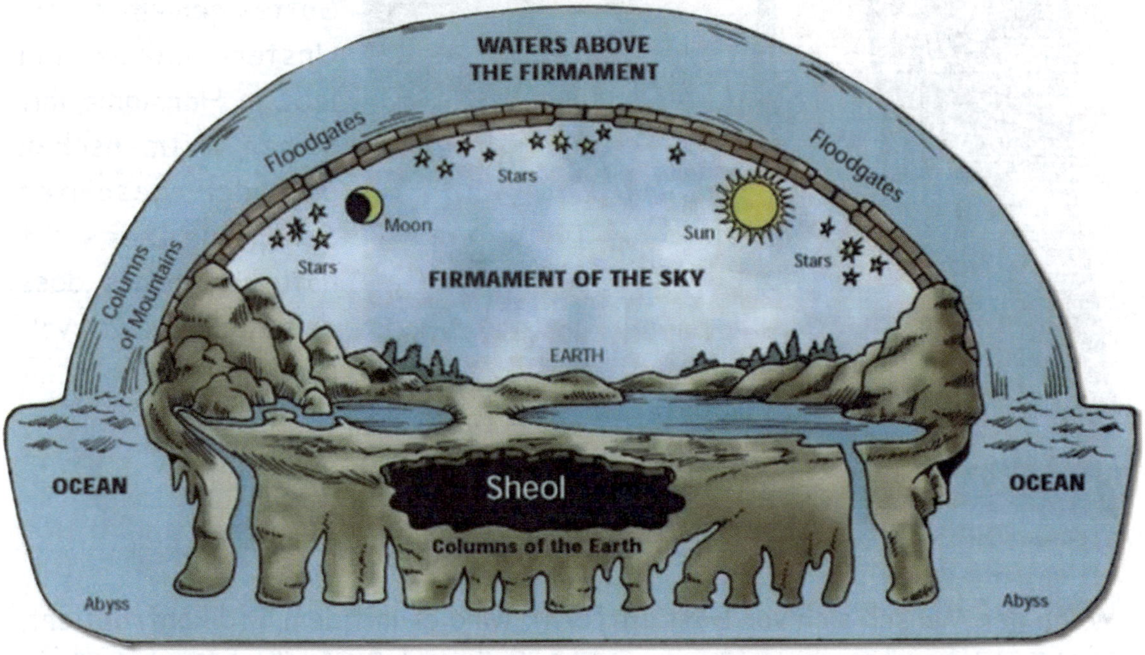

Waters above the Firmament: Himmelsozean; Floodgates: Fenster des Himmels; Firmament of the Sky: Unterer Himmel - Luftraum; Earth: Erde; Ocean: Urozean; Abyss: Große Tiefe; Sheol: Unterwelt; Columns of the Earth: Säulen der Erde; Columns of Mountains: Säulen der Berge

2.2 ...und sie erkannten, dass sie nackt waren!

Insgesamt haben wir im Buch „Genesis" zwei Erzählungen über die Schöpfung, die anscheinend aus verschiedenen Traditionen bzw. mündlichen Überlieferungen stammen.

Die zweite Erzählung berichtet ausführlicher über die Erschaffung der Menschheit. Dort lesen wir, dass Gott zuerst den Menschen aus Erde schuf („Adam" bedeutet „der aus Erde stammt") und in seine Nase den Lebensatem blies. Anschließend und während dieser schlief, schuf Er aus dessen Rippe die Frau (diese wird namentlich „Eva" genannt und bedeutet „Leben").

Der Mensch ist von Gott geschaffen worden. Dies bedeutet, dass er ohne Gott nicht wirklich existieren kann. Seine Beziehung zu Gott ist bestimmend für seine Existenz: In der Nähe Gottes genießt er die Unsterblichkeit und lebt in Harmonie mit seinen Mitmenschen und der gesamten Schöpfung. Dies setzt natürlich voraus, dass der Mensch Gott völlig vertraut.

Wenn der Mensch sich von Gott entfernt, wird er mit dem Tod konfrontiert. Der Tod ist nicht nur als Trennung von Leib und Seele (biologischer Tod), sondern auch als Trennung des ganzen Menschen* von Gott (geistiger Tod) zu verstehen.

Der Mensch wurde nach unserer Erzählung (*Genesis* 1, 26) als Abbild Gottes geschaffen und kann Gott ähnlich werden:

A

- Abbild Gottes, weil er von Gott mit Vernunft und Freiheit ausgestattet worden ist. Dies verschafft dem Menschen die Möglichkeit, mit Gott eins zu werden und wird in der Sprache der Väter mit dem Begriff „Vergöttlichung"* bezeichnet.

- Ähnlichkeit mit Gott bedeutet seitens des Menschen die Umsetzung dieser Möglichkeit mit Gott eins werden. Den höchsten Grad dieser Umsetzung, mit Gott eins zu werden, haben diejenigen Personen erreicht, die wir als „Heilige" bezeichnen.

Adam und Eva lebten in einem Garten (Paradies) in Gemeinschaft mit Gott, in Harmonie miteinander und mit ihrer Umwelt. Was anschließend passierte, erfahren wir aus folgenden Versen:

«Dann gebot Gott [...] „Von allen Bäumen des Paradieses darfst Du essen, doch vom Baum der Erkenntnis von Gut und Böse darfst Du nicht essen; denn sobald Du davon isst, wirst Du sterben". [...] Die Schlange aber war schlauer [...] Sie sagte zur Frau: „Nein, ihr werdet nicht sterben [...] ihr werdet wie Gott und erkennt Gut und Böse". Da sah die Frau [...] und aß; sie gab auch ihrem Mann, der bei ihr war, und auch er aß. Da gingen beiden die Augen auf und sie erkannten, dass sie nackt waren. Sie hefteten Feigenblätter zusammen und machten sich einen Schurz. Als sie Gott [...] heranschreiten hörten, versteckten sich Adam und seine Frau vor Gott [...] » **(Genesis 2, 16 - 3, 7).**

A

2.3 ...als unser Abbild, uns ähnlich

Als Gott beide mit diesem Ereignis konfrontiert, schiebt Adam die Schuld auf seine Frau und diese auf die Schlange. Gott fasst anschließend laut unserer Erzählung folgenden Beschluss: Er verflucht die Schlange, kündigt aber das Kommen eines Erlösers an und schließt Adam und seine Frau Eva aus dem Garten aus:

«Gott, der Herr, machte Adam und seiner Frau Kleider aus Leder und bekleidete sie damit. [...] Er vertrieb den Menschen und stellte östlich des Paradieses die Cherubim auf [...] damit sie den Weg zum Baum des Lebens bewachten.» (*Genesis* 3, 21-24).

Die Erzählung von der Vertreibung der Menschen aus dem Paradies wegen des Essens vom Baum der Erkenntnis von Gut und Böse wird mit dem Begriff „Fall des Menschen" bezeichnet. Eigentlich hat diese einen symbolischen Charakter und kann schwer in Zeit und Raum fixiert werden. Auch die Angaben über einen Garten, der Paradies genannt wird, sollen eher die sehr enge Beziehung zwischen Mensch und Gott und der gesamten Schöpfung zum Ausdruck bringen. Die Kirche gedenkt der Vertreibung von Adam und Eva jährlich am Sonntag vor der Großen Fastenzeit.

Folgende Punkte sind von Bedeutung:

1. Der Mensch wurde geschaffen, um Gott ähnlich zu werden, also vollkommen.
2. Diesen Zustand kann er allerdings nur schrittweise mit der Hilfe Gottes erreichen.
3. Mit dem Gebot in Bezug auf den Baum der Erkenntnis von Gut und Böse will Gott dem Menschen helfen, den Weg der geistigen Entwicklung erfolgreich zu gehen.
4. Adam und Eva, von der Schlange mitgerissen, entscheiden sich aber ohne Gott die Vollkommenheit anzustreben: Sie essen vom Baum der Erkenntnis von Gut und Böse, wofür der Segen Gottes nicht vorhanden war. Das ist ein Verstoß gegen das göttliche Gebot. Dieses Verhalten der beiden Personen bedeutet eigentlich, dass der Mensch die Einladung Gottes, mit Ihm zu leben, nicht annimmt und somit eine Beziehung mit Ihm verneint.

5. Das ist auch die Bedeutung des Wortes „Verfehlung“ (biblisch „Hamartia“) im Sinne eines Entscheidens für ein Leben ohne Gott. Auch wenn der Mensch glaubt, somit das wahre Glück erreichen zu können, irrt er sich; wenn er sich nämlich von Gott entfernt, entfernt er sich eigentlich von der Quelle des Lebens und erfährt das Unglück. Deswegen wird von den Kirchenvätern alles, was uns von Gott entfernt, als Verfehlung (oder „Sünde“) bezeichnet und wahrgenommen.
6. Der Mensch als Abbild Gottes bewegt sich also ständig auf Gott zu, um Ihm ähnlich zu werden. Der Fall ist als ein Ereignis während dieses Verlaufs der geistigen Entwicklung des Menschen zu verstehen; dieses hat den Rahmen der Göttlichen Ökonomie* nicht gesprengt. Für die Kirchenväter ist es sogar als Beginn des Reifeprozesses des Menschen wahrzunehmen, der am Anfang nicht vollkommen war.

Diese Eigenschaft der Ähnlichkeit mit Gott, schreibt der Kirchenvater **Irenäus von Lyon**, wird durch den Fall des Menschen, also die Gottesferne, verdunkelt. Natürlich besteht für den Menschen die Möglichkeit, die Gemeinschaft mit Gott wiederherzustellen. Mit der Menschwerdung Gottes kann der Mensch die Vollkommenheit erreichen.

Dies bedeutet, dass er in der Lage ist, durch die Taufe sein Leben mit dem Leben Gottes zu erfüllen.

A

2.4 Wie oder wer?

Viele Menschen fragen sich immer wieder, ob die Erzählungen des 1. Kapitels im Buch „Genesis" über die Entstehung der Welt mit den verschiedenen Forschungsberichten der Naturwissenschaften zu vereinbaren sind.

Ist diese Frage überhaupt berechtigt? Ist es die Absicht des Verfassers des Textes, uns über das „Wann und wie ist das Leben auf der Erde entstanden?" aufzuklären? Die Antwort ist sehr einfach: Nein! Dies zu erforschen und zu beantworten obliegt ohne Zweifel den Naturwissenschaften.

Die Schöpfungsgeschichte will eher auf die Frage „Wer hat und warum wurde das Leben auf der Erde erschaffen?" antworten. Auch hier ist die Antwort sehr einfach: Hinter allem, was existiert, ist der dreieine Gott* als die Hauptquelle des Lebens zu erkennen und nicht eine andere Macht. In diesem Sinne beabsichtigt der Autor (oder die Autoren) dieser Texte letztendlich, Gott für Seine Taten zu loben, und verwendet dafür die poetische Sprache und Bilder seiner Zeit.

Gregor der Theologe schreibt diesbezüglich, dass der Vater die Hauptursache ist, derjenige, aus dem alles ist; der Sohn ist die wirkende Ursache, derjenige, durch den alles erschaffen ist; der Heilige Geist ist die vollendende Ursache. Der Vater will durch den Sohn existieren lassen und durch den Geist zur Vollendung führen.

- Mit „Wort Gottes“ wird die zweite Person Gottes, der Sohn oder „Logos“ („Wort“ auf Griechisch), der Mensch geworden ist, bezeichnet.

- Jesus Christus ist das natürliche Bild Gottes (Ebenbild), schreibt der **Apostel Paulus** an die Gemeinde der Kolosser. Der Mensch wiederum, betont **Athanasius der Große**, ist das Bild Christi, also ein Bild des Bildes (Abbild).

- Der Begriff „Schöpfung“ wird in der Bibel religiös gedeutet. Er weist auf den Anfang der Welt hin und bezieht sich inhaltlich auf einen Schöpfer. Dies geht aus den Schriften der Kirchenväter hervor, wobei die Schöpfung als „geschaffen“ (von Gott) und Gott als „nicht geschaffen“ bezeichnet werden. Der Begriff „Schöpfung“ ist also vom Glauben geprägt. Deswegen steht er auch in Kontrast zum Begriff „Natur“.

- Wer von Schöpfung spricht, geht von einem verantwortungsvollen Umgang mit der Natur aus. Der Mensch wurde von Gott als Herr der gesamten Schöpfung bestimmt. Da er selbst Teil dieser Schöpfung ist, trägt er die Verantwortung für ihre Bewahrung. Dies ist aber nur dann möglich, wenn er den Atem Gottes in seinem Leben wirken lässt.

- Der Grund des Verlusts der Gemeinschaft des Menschen mit Gott war der Verzehr einer Frucht eines Baumes. Nicht zufällig besteht für uns Christen die Tatsache, dass der Grund der Wiederherstellung dieser Gemeinschaft wieder ein Baum ist: Das Kreuz Jesu Christi, das Holz des Baumes, wird zum Baum des Lebens.

1. Warum wird das erste Buch der Bibel „Genesis" genannt? Was genau bedeutet dieses Wort?

....

....

....

2. Was verstehst Du unter dem Begriff „Fall des Menschen"?

....

....

....

3. Wenn wir noch einmal die biblische Erzählung über den Verzehr der verbotenen Frucht und ihre Folgen (*Genesis* 2, 16 – 3, 24) lesen: Erkläre, warum Adam und Eva aus dem Paradies vertrieben werden.

....

....

....

4. Was bedeutet der biblische Ausdruck, dass der Mensch von Gott nach dem Abbild Gottes und Gott ähnlich geschaffen worden ist?

....

....

....

5. Will uns das Buch „Genesis" eine naturwissenschaftliche Erklärung über die Entstehung von Welt und Mensch liefern?

....

....

....

D

Erfahren

1. Bildunterschrift verfassen

Betrachtet genau die beiden Bilder. Die Erschaffung des Menschen als Abbild Gottes oben und unten die Darstellung, wie Gott mit ausgestrecktem Zeigefinger Adam zum Leben erweckt.

a. Verfasst anschließend für jedes Bild eine ausführliche Bildunterschrift.
b. Erklärt danach in der Klasse, aus welchem Grund ihr diese Bildunterschriften so formuliert habt.

Bildunterschrift:

....
....
....
....

Bildunterschrift:

....
....
....
....

D

Begreifen

2. Eine Geschichte aus einer anderen Perspektive erzählen

Auf dem Bild könnt ihr einen Engel Gottes erkennen, der Adam und Eva aus dem Paradies hinaus begleitet. Versucht euch in die Lage des Engels hineinzuversetzen und erzählt die Ereignisse, wie sie in der Bibel zu lesen sind aus seiner Sicht.

3. Mit Farben auf Bildern arbeiten

a. Malt anschließend das Bild mit Farben aus, die ihr selbst auswählen könnt.
b. Dann erklärt noch, wieso ihr diese bestimmten Farben benutzt habt.

Analysieren

4. Sich in die Lage eines Anderen versetzen

Auf dem ersten Bild könnt ihr Adam und Eva erkennen, gleich nach ihrer Vertreibung aus dem Paradies.

a. Was könnte Adam und Eva in diesem Moment durch den Kopf gehen?
b. Wie könnten sie sich fühlen?

5. Über Bekanntes nachdenken/ weiter nachforschen

Betrachtet anschließend das zweite Bild. Ihr seht, wie Christus Adam und Eva aus dem dunklen Hades mit Seinen Händen ergreift und beide ans Licht holt, vom Tod ins Leben.

a. Welche hoffnungsvolle Nachricht vermittelt uns das Bild des Abstiegs Christi in die Unterwelt?
b. Wieso, glaubt ihr, werden hier Adam und Eva abgebildet?

Urteilen

6. Über Bekanntes nachdenken/ weiter nachforschen

Auf dem Bild könnt ihr erkennen, wie der Sohn Gottes Himmel und Erde erschafft. Nachdem ihr das Bild genau betrachtet habt, diskutiert in der Klasse folgendes Thema: Was ist in Bezug auf die Entstehung aller Dinge die Hauptbotschaft an den Leser des ersten Buches der Bibel?

Ich habe in dieser Lektion entdeckt...

Reflektieren und Schreiben im Lerntagebuch
Lektion 2: Schöpfer und Schöpfung

Besonders hat mich beeindruckt...

Über Folgendes denke ich nochmal nach (und frage mich, ob/ warum/ wie)...

Reflektieren und Schreiben im Lerntagebuch
Lektion 2: Schöpfer und Schöpfung

Bedeutsam für mein Leben ist...

Nachdem du dich mit der folgenden Lektion auseinandergesetzt hast, kannst du:

- verstehen, wieso der Verlust der Gemeinschaft mit Gott auch Konsequenzen in Bezug auf die Beziehung zum Mitmenschen hat
- den Inhalt des Begriffs „Bund" mit eigenen Worten darstellen
- begründen, wieso nach biblischer Ansicht jeder Versuch des Menschen um Besserung des Lebens scheitert, sofern dieser von Hochmut und Eitelkeit gekennzeichnet ist
- die Verbindung zwischen den biblischen Erzählungen des Turms zu Babel und des Pfingstgeschehens aufzeigen

Lektion 3: Lebensvorstellungen

3.1 Verlust der Gemeinschaft mit Gott

Gott hat den Menschen aus Liebe als Sein Abbild geschaffen. Dieser könnte mit seiner Vernunft und seiner Freiheit ständig geistig wachsen, um Gott ähnlich zu werden und so die Unsterblichkeit durch die Gnade Gottes zu erlangen.

Aber, wie wir in der Erzählung des Baums der Erkenntnis von Gut und Böse erkennen können, kann der Mensch diese Gemeinschaft mit Gott auch verneinen und somit diese verlieren. Der Verlust der Gemeinschaft mit seinem Schöpfer bedeutet, dass der Mensch sich von der Quelle des Lebens, also von Gott, entfernt.

Hat vielleicht aber diese Lebenseinstellung gegenüber Gott auch Folgen in Bezug auf die Beziehung zu den Mitmenschen und zur ganzen Schöpfung? Lesen wir folgende Bibelstelle, die uns auch eine Antwort auf unsere Frage bieten wird:

«Adam erkannte Eva, seine Frau; sie wurde schwanger und gebar Kain [...] Danach gebar sie Abel, seinen Bruder. Abel wurde Schafhirt und Kain Ackerbauer. Nach einiger Zeit brachte Kain dem Herrn ein Opfer von den Früchten des Feldes dar. Abel brachte eines dar von den Erstlingen seiner Herde [...] Der Herr schaute auf Abel und sein Opfer, aber auf Kain und sein Opfer schaute er nicht. Da überlief es Kain, und sein Blick senkte sich. Der Herr sprach zu ihm: „Warum überläuft es dich heiß und warum senkt sich dein Blick? Wenn du recht tust, wirst du wieder aufblicken können. Wenn nicht, lauert die Sünde an der Tür". [...] Hierauf sagte Kain zu seinem Bruder Abel: „Gehen wir aufs Feld". Als sie auf dem Feld waren, griff Kain seinen Bruder Abel an und erschlug ihn. Da sprach der Herr zu Kain: „Wo ist dein Bruder?". Er entgegnete: „Ich weiß es nicht. Bin ich der Hüter meines Bruders?". Der Herr sprach: „Was hast du getan? Das Blut deines Bruders schreit zu mir vom Ackerboden. [...] So bist du verflucht... [...] Wenn du den Ackerboden bestellst, wird er dir keinen Ertrag mehr bringen. Rastlos und ruhelos wirst du auf der Erde sein".» (**Genesis** 4, 1-12).

Aus diesem Text kann man schließen, dass der Mensch durch den Verlust seiner Gemeinschaft mit Gott auch seine harmonische Beziehung zu seinem Mitmenschen verliert. Da er sich von Gott und dessen Liebe getrennt hat, kann er auch seinen Mitmenschen nicht lieben. Die Abwesenheit der Liebe führt dazu, dass er seinen Mitmenschen als Feind und als Konkurrenten wahrnimmt. Dies alles beeinflusst auch seine Beziehung zur gesamten Schöpfung, die mit ihm seufzt und leidet (*Brief an die Römer* 8, 22).

Kain war der ältere Sohn der Familie und würde eigentlich deshalb auch das zukünftige Familienoberhaupt sein. In diesem Sinne war er seinem Bruder Abel überlegen. Deswegen kann Gott auch nicht nachempfinden, dass Kain sich nicht über die Situation seines Bruders freuen kann und auf diese Art und Weise auf das Darbringen der Opfer reagiert. Er versucht ihn sogar zu besinnen, aber ohne Erfolg. Kain ist von Neid und Hass überfallen. Deshalb begeht er auch den Mord an seinen Bruder.

An dieser Stelle ist es wichtig zu verstehen, dass Gott kein Opfer annehmen kann, das Ihm nicht aus wahrer Liebe dargebracht wird. Dies kann Kain nicht nachvollziehen. Mit anderen Worten ausgedrückt: Kain kann nicht wahrnehmen, dass Gott Liebe ist und dass nur aufgrund dieser Liebe eine Gemeinschaft zwischen Gott und Mensch möglich ist.

Aus dieser Erzählung können wir schlussfolgern, dass eine Beziehung zu Gott nur in Bezug auf unseren Mitmenschen und die gesamte Schöpfung möglich ist. Wer sich von Gott entfernt, entfernt sich gleichzeitig vom Mitmenschen und seiner Umwelt. Wer aber Gott nahe ist, der kann auch den Mitmenschen, vor allem den Schwächeren, und seine Umwelt lieben und sich für beide einsetzen!

3.2 *Annähernde Verbundenheit*

Auch wenn der Mensch sich von seinem Schöpfer abwendet und nicht mit Ihm sein Leben bestreiten will, wird er von Gott nicht im Stich gelassen. Dieser bleibt weiterhin mit Seinem Geschöpf verbunden. Dies kommt klar in der Erzählung von der Sintflut zum Ausdruck. Lesen wir folgenden Abschnitt:

«Noah zeugte im Alter von fünfhundert Jahren Sem, Ham und Jafet […] Als Gott sah, dass die Erde verdorben war, weil alle auf die schiefe Bahn gerieten, sagte Er zu Noah: „Ich sehe das Ende der Menschen […] Du aber mach eine Arche aus Zypressenholz […] Geh in die Arche, du und deine Söhne, deine Frau und die Frauen deiner Söhne. Von allen Wesen, die leben, führe je zwei in die Arche, damit sie mit dir am Leben bleiben“ […] Noah tat alles genau so, wie ihm Gott aufgetragen hatte […] Noah war sechshundert Jahre alt, als die Flut über die Erde kam […] Der Regen ergoss sich für vierzig Tage […] Alles, was auf der Erde lebendig war, kam um […] übrig blieb nur Noah und was mit ihm in der Arche war. Das Wasser schwoll hundertfünfzig Tage lang auf der Erde an. […] Dann sprach Gott zu Noah und seinen Söhnen, die bei ihm waren: „Hiermit schließe ich meinen Bund mit euch und euren Nachkommen […] Nie wieder sollen alle Wesen von Wasser und Flut ausgerottet werden; nie wieder soll eine Flut kommen und die Erde verderben“ […] Und Gott sprach: „[…] Meinen Bogen setze ich in die Wolken; er soll das Bundeszeichen sein zwischen mir und der Erde“.» **(Genesis 5, 32- 9, 13).**

Wir können schlussfolgern, dass Gott immer auf eine wunderbare Art und Weise in unser Leben eingreifen und uns Hoffnung auf einen neuen Anfang geben kann, was auch immer vorher geschehen ist.

Auch wird die Langmut Gottes aus dieser Erzählung ersichtlich, bemerkt der Einsiedler **Neophyt von Zypern**. Gott gibt dem Menschen in der langen Zeit, in der die Arche hergerichtet wurde, die Möglichkeit, seine Zügellosigkeit wahrzunehmen und umzukehren.

Der Begriff „Bündnis", „Bund" („Diathéke" im Griechischen) oder auch „Testament" spielt in den biblischen Texten eine wichtige Rolle. Es handelt sich um einen Ausdruck der Verbundenheit Gottes mit Seinem Geschöpf. Sichtbar wird diese durch einen Bogen (Regenbogen), der laut unserer Erzählung zum Zeichen der Liebe und Fürsorge Gottes gegenüber Seiner gesamten Schöpfung wird. Auch der Mensch ist somit aufgefordert, für die gesamte Schöpfung zu sorgen und diese zu bewahren.

3.3 Menschlicher Hochmut

«Anfangs sprachen alle Menschen die gleiche Sprache und gebrauchten die gleichen Worte. Als sie von Osten aufbrachen, fanden sie eine Ebene im Land Schinar und ließen sich dort nieder. Dann sagten sie zueinander: „Kommt, formen wir Lehmziegel und brennen wir sie zu Backsteinen". Danach sagten sie: „Kommt, bauen wir uns eine Stadt und einen Turm mit einer Spitze bis zum Himmel. So werden wir uns einen Namen machen und werden uns nicht über die ganze Erde zerstreuen". Da stieg der Herr herab, um sich die Stadt und den Turm anzusehen. Er sprach: „Sie sind jetzt ein Volk und haben alle eine Sprache [...] Jetzt wird für sie nichts mehr unmöglich sein. Auf, steigen wir hinab und verwirren ihre Sprache, sodass keiner mehr die Sprache des anderen versteht".» (*Genesis* 11, 1-7).

Die Sprache ist für den Menschen, sagt der Kirchenvater **Basilius der Große** in einer seiner Reden, ein Geschenk Gottes, mit dem er seine verborgenen Gedanken zum Ausdruck bringen, aber auch mit seinen Mitmenschen kommunizieren kann.

Doch in der Erzählung über den Turmbau zu Babel wird durch die Sprachverwirrung eine unüberwindbare Verständigungsschwierigkeit zwischen den Menschen hervorgebracht, die mit dem Wort „Babel" (wörtlich „Verwirrung") zum Ausdruck kommt.

Unabhängig davon, ob es sich hier um ein konkretes historisches Ereignis handelt oder nicht, sind mit Sicherheit in dieser Erzählung auch der menschliche Hochmut und die menschliche Eitelkeit angesprochen, die auch in Bezug auf unsere Gemeinschaft mit Gott ein Hindernis bilden. In diesem Sinne könnte unsere Erzählung auch ein Hinweis auf die Demut sein, mit der die Menschen mit Gott, aber auch untereinander erfolgreicher kommunizieren können, besonders in der heutigen Zeit, wo das Errichten von neuen „Babel-Türmen" immer wieder eine Verlockung für unsere Gesellschaft darstellt.

Aber so verlieren wir das Maß, das Bewusstsein der Solidarität gegenüber der Welt und können uns sozial nicht entfalten. Unsere Persönlichkeit droht, von diesem Hochmut dominiert zu werden. Dies wiederum gestaltet die Zusammenarbeit mit anderen schwierig. Die Sprache wird nicht als Werkzeug der Verständigung, sondern der Zwietracht wahrgenommen. Die falsche Verwendung der Technik, die das Leben eigentlich einfacher machen soll, führt zur Entfremdung und zur Katastrophe. Wir sprechen nicht mehr dieselbe Sprache, die Sprache der Menschlichkeit, die Gott uns gegeben hat. Jede und jeder spricht seine eigene egoistische Sprache, die Sprache von Babel, und lässt sich vom Grundsatz „Immer mehr, immer höher, immer reicher" leiten.

A

3.4 Alle zur Einheit rufen!

„Als Er herniederfahrend die Sprachen verwirrte, hat der Höchste die Völker zerteilt. Als Er die Feuerzungen austeilte, rief Er alle zur Einheit. Und im Einklang besingen in Hymnen wir den Allheiligen Geist" (Kontakion-Hymnus des Pfingstfestes).

Aus der obigen frühen Hymnenform der Christen wird klar, dass das Pfingstgeschehen einen Kontrast zum Bau des Turms zu Babel bildet. Zuerst wurden die Menschen wegen ihres Hochmuts entzweit, nun aber werden sie durch den Heiligen Geist wieder zusammengeführt.

Natürlich ist diese Einheit des Ereignisses zu Pfingsten nicht mit der Einheit, die die Menschen der Erzählung des Turmbaus zu Babel bezweckten, zu vergleichen. Dort kann die Einheit mit Selbstgenügsamkeit und Abgrenzung von den anderen gleichgesetzt werden. In diesem Sinne ist auch eine Art Instrumentalisierung der Beziehung zu Gott zu erkennen, da man durch die Spitze des Turms den Himmel direkt, also Gott, erreichen will. Auch heute könnte man Ähnliches denken: Gott unverzüglich erreichen zu können, zum Beispiel durch das Fasten.

In der biblischen Erzählung des Pfingstgeschehens (*Apostelgeschichte* 2, 1-11) dagegen haben wir eine ganz andere Entwicklung. Hier wird die Einheit im Zusammensein verschiedener Bevölkerungsgruppen erkennbar, deren Liebe untereinander auch durch eine soziale Verwendung des Eigentums zum Ausdruck kommt.

Diese neue Welt konstituiert der Heilige Geist. Ein Merkmal dieser ist die Einheit aller Menschen. Diese Einheit findet nur im Leibe Christi statt, also in Seiner Kirche:

> «Denn wie ein Leib eine Einheit ist, doch viele Glieder hat, alle Glieder des Leibes, obwohl es viele sind, einen einzigen Leib bilden: So ist es auch mit Christus» **schreibt der Apostel Paulus an die Gemeinde von Korinth (*1. Brief an die Korinther* 12, 12).**

Die Kirche ist und bleibt immer der Sauerteig für die harmonische Einheit dieser Welt. Dies setzt voraus, dass wir unsere Eigennützigkeit aufgeben, uns von der Anmaßung der eigenen Wichtigkeit befreien und in Demut mit Ehrlichkeit der Stimme des Heiligen Geistes folgen. Lassen wir Ihn in der Kirche und in der Welt wirken. Lassen wir uns von Ihm inspirieren. Wenn wir uns Ihm öffnen und Er in uns Wohnung nimmt, wird Er uns auch zur Einheit der Liebe führen!

- Obwohl in der Erzählung von Kain und Abel selbst kein Grund für die Ablehnung des Opfers Kains durch Gott genannt wird (natürlich erkennt Gott, ob das Opfer Ihm aus wahrer Liebe dargebracht wird oder nicht), können wir allgemein dies bemerken: Auch unter den Christen gibt es diese beiden Haltungen: Solche die wirklich Gott lieben und Ihm mit reiner Seele und großer Bereitschaft etwas darbringen, und solche die sich nur aus Verpflichtung oder Gewohnheit und ohne besondere Ehrfurcht und Liebe an Gott wenden. Trotzdem dürfen wir die letzten nicht verurteilen, sondern uns gemeinsam bemühen, dass mehr Demut und Ehrlichkeit unter den Menschen herrscht.

- «Und sie blieben beständig in der Lehre der Apostel und in der Gemeinschaft und im Brotbrechen und in den Gebeten. Es kam aber Furcht über alle Seelen, und viele Wunder und Zeichen geschahen durch die Apostel. Alle Gläubigen waren aber beisammen und hatten alle Dinge gemeinsam; sie verkauften die Güter und Besitztümer und verteilten sie unter allen, je nachdem einer bedürftig war. Und jeden Tag waren sie beständig und einmütig im Tempel und brachen das Brot in den Häusern, nahmen die Speise mit Frohlocken und in Einfalt des Herzens; sie lobten Gott und waren angesehen bei dem ganzen Volk. Der Herr aber tat täglich die zur Gemeinde hinzu, die gerettet wurden.» *(Apostelgeschichte 2, 42-47).*

Die oben zitierte Stelle aus der Apostelgeschichte bietet uns das Beispiel einer großartigen Gemeinschaft in der ersten christlichen Gemeinde von Jerusalem. Diese erstaunliche Einheit der Mitglieder dieser Gemeinde war natürlich durch das Evangelium Christi begründet.

- Einen tieferen Sinn der biblischen Erzählung vom Turmbau zu Babel können wir in Vers 4 entdecken:

«Danach sagten sie: „Kommt, bauen wir uns eine Stadt und einen Turm mit einer Spitze bis zum Himmel. So werden wir uns einen Namen machen und werden uns nicht über die ganze Erde zerstreuen“».

Diejenigen also, die diesen Turm bauen möchten, wollten etwas Besonderes tun, um dadurch ihre Macht zum Ausdruck zu bringen. Dieses menschliche Verlangen Gott ähnlich zu werden, das etwas Natürliches darstellt, weil eben Gott dies im Menschen eingepflanzt hat, ist nur dann sinnvoll, wenn der Mensch in Gemeinschaft mit Gott lebt.

- Die Einladung Christi *«Geht hinaus in die ganze Welt und verkündet allen Menschen die rettende Botschaft»* (***Evangelium nach Markus*** **16,15**), hebt jegliche Form von Ausgrenzung auf und entkräftet völlig jede Art von Ausschließlichkeit, die für unsere Kirche als eine Versuchung verstanden wird. Für sie ist das Kriterium der Gemeinschaft aller Menschen von enormer Wichtigkeit: *«Hier ist kein Jude noch Grieche, hier ist kein Knecht noch Freier, hier ist kein Mann noch Frau; denn ihr seid allzumal einer in Jesus Christus.»* (***Brief an die Galater*** **3, 28**).

1. Was hat Kain in Bezug auf das Darbringen von Opfern für Gott nicht verstehen können? Wie sollte man diese eigentlich darbringen?

....

....

....

....

2. Können wir letztlich in der Erzählung von der Sintflut eine Botschaft von Optimismus erkennen? Begründe deine Antwort.

....

....

....

....

3. Aus welchem Grund wollten die Menschen in der Erzählung vom Turm zu Babel einen Turm bauen? Was hat sie dazu bewegt?

....

....

....

....

4. Kennst du einen Hymnus aus dem Pfingstfest, der mit der Erzählung vom Turm zu Babel verbunden werden kann?

....

....

....

....

Erfahren

1. Bild betrachten/ eine Aussage treffen/ sich fragen

Lest folgende biblische Stelle: *Genesis* 8, 1-12. Betrachtet das Bild unten und diskutiert anschließend in der Klasse, welches Ereignis aus der Erzählung von der Sintflut hier abgebildet wird.

Begreifen

2. Über Bekanntes nachdenken/ weiter nachforschen

Versucht anhand der Erzählung von der Sintflut, auf folgende Fragen einzugehen:

a. Welche Vorstellung habt ihr von Gott?
b. Glaubt ihr, dass Gott die Menschen liebt?
c. Falls ja, wie kommt diese Liebe in der oben genannten Erzählung zum Ausdruck?

3. Eine biblische Stelle finden

Sucht in eurer Schulbibel folgende Stellen: *Psalmen* 103, 24 und *Psalmen* 103, 27-28.

4. Nachdenken/ besprechen/ Meinungen vergleichen

a. Fragt euch zunächst, ob die oben angeführten Stellen aus dem Buch der „Psalmen" euch eine Antwort auf die Frage „Wer ist Gott?" geben. Falls ja, welche Eigenschaften Gottes könnt ihr in diesen Versen entdecken?
b. Besprecht anschließend das Thema mit eurer Sitznachbarin/ eurem Sitznachbarn.
c. Diskutiert zuletzt alle Meinungen und Antworten der Schülerinnen und Schüler in der Klasse.

Analysieren

5. **Wandfigur**

a. Die Lehrkraft zeichnet auf der Tafel den Umriss einer menschlichen Figur, die Kain darstellen soll.

b. Die Klasse teilt sich anschließend in zwei Gruppen auf.

c. Zunächst schreibt jede Schülerin und jeder Schüler der ersten Gruppe ein Wort oder mehrere Wörter innerhalb des Umrisses. Diese sollen die Gedanken und Gefühle von Kain zum Ausdruck bringen.

d. Danach schreibt jede Schülerin und jeder Schüler der zweiten Gruppe ein Wort oder mehrere Wörter außerhalb des Umrisses. Diese sollen ihre/ seine Gedanken und Gefühle in Bezug auf die Person von Kain zum Ausdruck bringen.

e. Zuletzt werden von der gesamten Klasse alle auf der Tafel geschriebenen Wörter diskutiert.

D

Analysieren

6. Schulzeitung

Betrachtet mit eurer Sitznachbarin/ eurem Sitznachbarn sorgfältig das Bild unten. Ihr sollt für die Zeitschrift eurer Schule einen kleinen Artikel von ca. 150 Wörtern mit dem Titel *„Die Ereignisse der biblischen Erzählung über den Bau des Turms zu Babel"* verfassen. Schreibt diesen Text in einer Sprache, die für eure Mitschülerinnen und Mitschüler verständlich ist, indem ihr nicht die Ausdrucksweise der Bibel benutzt, sondern Wörter, die ihr im täglichen Leben verwendet, um den anderen etwas mitzuteilen, das von enormer Wichtigkeit ist.

Urteilen

7. Bild betrachten/ eine Aussage treffen/ sich fragen

Das Bild unten ist wahrscheinlich mit Schwierigkeit zu deuten. Betrachtet trotzdem sorgfältig, was abgebildet wird. In der Mitte des Bildes erkennen wir zwei Personen, die zwar nebeneinander sitzen, aber nicht miteinander kommunizieren können. Wieso eigentlich? Denkt an die biblische Erzählung des Turmbaus zu Babel und besprecht in der Klasse folgende Themen:

a. Haben Technologie und alles, was unser Leben komfortabler macht, die Menschen einander näher gebracht oder nicht? Begründet eure Antwort.

b. Unsere Kirche ruft alle Menschen zur Einheit auf. Diese Einheit betrifft natürlich die gesamte Menschheit. Was genau bedeutet dies für euch?

Urteilen

8. Einen Hymnus (Lobgesang Gottes) hören/ zehn Wörter finden/ das Ganze wiederholen

a. Hört euch zunächst anhand des QR-Codes den Kontakion-Hymnus des Pfingstfestes an. Schreibt zehn Wörter auf, die euch spontan einfallen und eure Gedanken und Gefühle über diesen Hymnus zum Ausdruck bringen.

b. Wiederholt das Ganze noch einmal. Erklärt anschließend in der Klasse, wieso ihr diese Wörter benutzt habt. Versucht zuletzt herauszufinden, auf welche Art und Weise dieser Gesang mit dem, was ihr in der vorigen Aufgabe diskutiert habt, in Verbindung gebracht werden kann.

9. Einen Hymnus bildlich darstellen

Nachdem ihr Aufgabenvorschlag 8 bearbeitet habt, malt ein farbiges Bild, das den Inhalt des Kontakion-Hymnus des Pfingstfestes wiedergibt.

Ich habe in dieser Lektion entdeckt...

Reflektieren und Schreiben im Lerntagebuch
Lektion 3: Lebensvorstellungen

Besonders hat mich beeindruckt...

Über Folgendes denke ich nochmal nach (und frage mich, ob/ warum/ wie)...

Reflektieren und Schreiben im Lerntagebuch
Lektion 3: Lebensvorstellungen

Bedeutsam für mein Leben ist...

Nachdem du dich mit der folgenden Lektion auseinandergesetzt hast, kannst du:

- erklären, wieso Abraham als Vorbild des Glaubens zu verstehen ist
- verstehen, wieso die Offenbarung Gottes jeden Menschen unabhängig von seiner Herkunft betrifft
- den Respekt gegenüber allen Menschen als biblische Tugend erkennen
- beurteilen, ob das Vertrauen zu Gott für den heutigen Menschen von enormer Wichtigkeit ist

4.1 Leitbild des Glaubens

Wir können das erste Buch der Bibel „Genesis" in zwei Teile gliedern:

- Den ersten Teil bilden die Kapitel 1-11. Diese können, wenn überhaupt, geschichtlich sehr schwer belegt werden.
- Der zweite Teil des Buches beinhaltet die Kapitel 12-50. Ab Kapitel 12 ist eigentlich eine geschichtliche Wahrnehmung der geschilderten biblischen Ereignisse möglich. Gott greift in die menschliche Geschichte mit der Auserwählung (Berufung) Abrahams ein, der als Urvater Israels gilt, des Volkes also, das letztendlich die Menschheit zu Jesus Christus führen wird. In diesem Sinne sind wir Christen Nachkommen Abrahams. Dies betont der Apostel Paulus in einem seiner Briefe: «...wenn ihr aber zu Christus gehört, dann seid ihr Abrahams Nachkommen, Erben aus Verheißung» (***Brief an die Galater*** **3, 29**).

Aber wer war eigentlich Abraham? Er war eine Person, der Gott sich offenbart hat. Im hohen Alter von 75 Jahren erhielt er von Ihm die Anweisung, seine Heimat Haran zu verlassen:

«Der Herr sprach zu Abram: „Zieh weg aus deinem Land, von deiner Verwandtschaft und vom Haus deines Vaters in das Land, das ich dir zeigen werde. Ich werde aus dir ein großes Volk machen und dich segnen. Deinen Namen werde ich berühmt machen und du wirst ein Segen für die anderen sein [...] Durch dich sollen alle Völker der Erde gesegnet werden".» **(Genesis 12, 1-3).**

Gott fordert Abraham auf, der anfangs noch Abram hieß, seine Heimat zu verlassen und in ein Land zu ziehen, das er erben würde. Aber wohin sollte er ziehen? Das würde ihm Gott der biblischen Erzählung nach noch mitteilen. Abram vertraut Gott und gemeinsam mit seiner Frau Sara und seinem Neffen Lot beginnt er eine lange Reise. Wegen dieser Beziehung mit Gott erhält Abram von Ihm auch einen neuen Namen und heißt jetzt „Abraham", was so viel wie „Vater der Menge" bedeutet. Er wird in diesem Sinne Stammvater einer Menge von Völkern, die seinen Segen erhalten werden.

Gott verspricht Abraham also zwei Dinge:

- den Besitz eines neuen Landes
- gesegnete Nachkommen.

Wie verhält sich Abraham in Bezug auf das, was ihm von Gott versprochen wird? Im Gegensatz zu Adam und Eva verlässt er sich auf Gottes Wort und beginnt, einfach nur weil ihn Gott dazu aufruft, sein Abenteuer ins Ungewisse als Erfüllung der Versprechungen seines Schöpfers. Aber genau dies bedeutet der uns bekannte Ausdruck „an Gott glauben". Vertrauen also, feste Zuversicht, dass die Dinge so sind, wie Gott sie schildert und wie es für uns gut ist. In diesem Sinne könnte jede Person ihre jeglichen Unsicherheiten überwinden, indem sie sich zu Gott begibt und sich Ihm anvertraut.

4.2 Wer ist auserwählt?

Auf der Reise ins Ungewisse wird Abraham nicht nur von seiner Frau Sara, sondern auch von ihrer Dienerin, Hagar, die aus Ägypten stammt, begleitet. Lesen wir gemeinsam den folgenden biblischen Text:

«Sara, Abrams Frau, konnte ihm keine Kinder schenken. Sie hatte aber eine Magd aus Ägypten, deren Name Hagar war. Sara sagte zu Abram: „Der Herr hat mir versagt Kinder zu gebären. Geh zu meiner Magd, und vielleicht bekomme ich durch sie einen Sohn“. Abram hörte die Worte Saras. Zehn Jahre nach seiner Niederlassung in Kanaan nahm dann Abram Hagar, die Magd von Sara, zur Frau. Er erkannte sie und Hagar wurde schwanger. Als sie dies bemerkte, fing sie ihre Herrin an zu verachten. Dann sagte Sara zu Abram: „Du bist der Grund für das Unrecht, das ich erfahre“ [...] Abram entgegnete: „Hier ist deine Magd; sie ist in deiner Hand. Tu mit ihr, was du willst“. Da behandelte sie Sara so schlecht, dass ihr Hagar davonlief. Der Engel des Herrn fand Hagar an einer Quelle in der Wüste [...] Er sprach: „Geh zurück zu deiner Herrin und sei ihr untertan“. Weiter sagte er: „Ich werde dir so viele Nachkommen schenken, dass man sie nicht zählen kann. Du bist jetzt schwanger und wirst einen Sohn gebären, den du Ismael nennen sollst, denn der Herr hat dich gehört in deinem Leid“. Hagar nannte den Herrn, der zu ihr gesprochen hatte: Der, der nach dir schaut, weil sie gedacht hatte: „Habe ich eigentlich hier den gesehen, der nach mir schaut?“» **(*Genesis* 16, 1-13).**

Hagar war also eine „Fremde", die keine Verwandtschaft mit dem Stamm Abrahams hatte, aber sich bereitstellte, der Kinderlosigkeit des Ehepaars als „Nebenfrau" abzuhelfen. Dies, dass also ein Mann eine weitere Frau hatte („Polygynie"), war üblich zur Zeit des Alten Testaments. So konnte zum Beispiel im Falle einer Unfruchtbarkeit, wie in unserer Erzählung, der Fortbestand einer Familie gesichert werden.

Doch als Hagar schwanger wird, kommt es zur Auseinandersetzung zwischen den beiden Frauen und Hagar sieht sich gezwungen, in die Wüste zu flüchten. Dort erlebt sie eine rettende Offenbarung Gottes, übrigens die einzige Begegnung Gottes mit einer Frau, die uns das Alte Testament überliefert: Der Herr verheißt ihr eine reiche Nachkommenschaft.

Was bedeutet dies? Welche Gedanken kommen euch spontan, wenn ihr diese Erzählung lest? Auch solltet ihr euch folgende Frage stellen: Welche Personen werden von Gott auserwählt? Auf jeden Fall sind es Personen, die mit ihrem freien Willen etwas, was ihnen von Gott aufgetragen wird, umsetzen können.

Außerdem solltet ihr euch fragen: Sucht Gott für die Umsetzung seiner Verheißungen überdurchschnittliche Menschen? Sucht Er Personen, die Ihm „vertraut" sind? Lehnt Er „Fremde" ab? Oder schaut Er eher in die Tiefe des menschlichen Herzens und wählt diejenigen, die auch bereit sind, Seine Anwesenheit in ihrem Leben wahrzunehmen, um das umzusetzen, was ihnen aufgetragen wird?

4.3 Ausdruck der Ehrfurcht

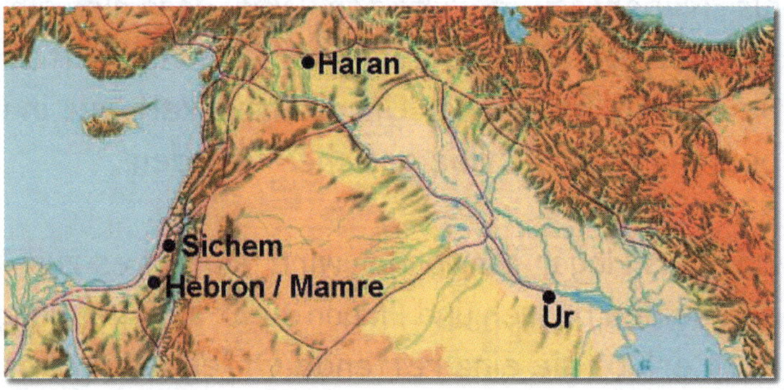

Als eines Tages Abraham bei den Eichen von Mamre saß, sah er gegen Mittag vom Zelteingang drei Männer vor sich stehen, die sich nur kurz ausruhen wollten. Von seinen Gästen bekommt Abraham die Zusage, dass seine Frau, die bisher mit 90 Jahren noch kinderlos war, einen Nachkommen bekommen werde. Ein Jahr später bekam Sara ein Kind. Über dieses Ereignis lesen wir in der Bibel:

«Der Herr erschien bei Abraham [...]. Abraham [...] blickte auf und sah vor sich drei Männer stehen [...], lief ihnen vom Zelteingang aus entgegen, warf sich auf die Erde nieder und sagte: „Mein Herr, wenn ich dein Wohlwollen gefunden habe, geh doch an deinem Knecht nicht vorbei!" [...] Da lief Abraham eiligst ins Zelt zu Sara und rief: „Schnell drei Sea feines Mehl! Rühr es an, und backe Brotfladen!". Er lief weiter zum Vieh, nahm ein zartes, prächtiges Kalb und übergab es dem Jungknecht, der es schnell zubereitete. Dann nahm er Butter, Milch und das Kalb [...] und setzte es ihnen vor. Er wartete ihnen unter dem Baum auf, während sie aßen. [...] Da sprach der Herr: „In einem Jahr komme ich wieder zu dir, dann wird deine Frau Sara einen Sohn haben". [...] Abraham und Sara waren schon so alt; [...] Sara lachte daher still in sich hinein [...] Da sprach der Herr zu Abraham: „Warum lacht Sara [...]? Ist beim Herrn etwas unmöglich? Nächstes Jahr um diese Zeit werde ich wieder zu dir kommen; dann wird Sara einen Sohn haben".» **(*Genesis* 18, 1-14).**

Die herzliche Aufnahme der drei Männer stellt sich letztendlich für Abraham und seine Frau Sara als eine Begegnung und eine Erfahrung mit Gott selbst heraus. Deshalb schreibt mehrere Jahrhunderte später der **Apostel Paulus** an die Hebräer: «Vergesst die Gastfreundschaft nicht; denn durch sie haben einige, ohne es zu wissen, Engel beherbergt.» (*Brief an die Hebräer* 13, 2).

Wie wir gesehen haben, ist Abraham nach dieser Begegnung mit Gott ein Nachkomme beschert worden, dessen Stammbaum, wie wir im „Evangelium nach Matthäus" lesen können, auch Jesus Christus zugeordnet wird. In diesem Sinne könnte mit diesem Ereignis der Aufnahme der drei Männer der Anbeginn des menschlichen Heils* angedeutet werden.

Dies wird auch in der liturgischen Tradition der Kirche zum Ausdruck gebracht: *„Der dreieine Gott offenbarte sich Abraham bei den Eichen von Mamre und belohnte seine Gastfreundschaft, indem Er ihm aus Barmherzigkeit Isaak schenkte; deswegen ehren wir jetzt den Gott unserer Väter"* (Aus den Hymnen zum Sonntag des Gelähmten).

A

4.4 Gott heute vertrauen?

Wir konnten in der Erzählung über Abraham feststellen, dass dieser sogar im hohen Alter von 75 Jahren seine Heimat verlassen hat, weil er Gott gegenüber großes Vertrauen bewiesen hat.

Das Vertrauen auf Gott ist auch in der heutigen Zeit für uns Christen von großer Wichtigkeit. Mehrmals in unserem Leben werden wir mit schwierigen Situationen konfrontiert. In solchen Fällen sollten wir unsere Hoffnung nur auf Gott setzen. Wenn wir in Ihm unseren Vater erkennen, dann müssen wir Ihm auch voll und ganz vertrauen können. Abraham hat es uns vorgemacht; er zog los, ohne zu wissen wohin, ohne Absicherung, einfach nur, weil ihn Gott dazu aufruft und weil er Gott vertraut, dass es für ihn gut ist.

Johannes Chrysostomos sagt in seiner Rede in Bezug auf das „Evangelium nach Matthäus", dass wir stets Gott vertrauen und Ihm in nichts widersprechen sollten, auch wenn Seine Worte für uns nicht einfach zu verstehen sind.

Auch die Kirche fordert uns ständig auf, dies zu tun. Während der Göttlichen Liturgie betet der Priester mehrmals: *„...lasst uns uns selbst und einander und unser ganzes Leben Christus, unserem Gott, überantworten!"*. Alles, was uns geschieht, sollten wir Gott anvertrauen. Dieses „Gott anvertrauen" ist das, was wir als „Glauben" bezeichnen. Glauben bedeutet völliges Vertrauen in Gott!

Außerdem hat Christus niemals Seinen Jüngern ein Leben frei von Leiden versprochen. Weil Er selbst gelitten hat, kann Er auch unser Leiden nachempfinden, tragen und uns davon befreien. Deswegen schreibt der **Apostel Paulus** in seinem „Brief an die Römer", dass wir Christen uns sogar in solchen Zeiten „freuen" sollen: Genauso wie Christus litt und dann auferstanden ist, ist das Gleiche auch uns versprochen. Sein Kreuz brachte der ganzen Welt Freude und zeigt uns, dass auch unser Leiden nur vorübergehend ist. Dies gilt für alle, die Ihm vertrauen und mit Ihm im Heiligen Geist vereint sind (12, 9-21).

❖ Das Haupt einer Familie wird in der Bibel mit dem griechischen Wort „Patriarch" (wörtlich „Haupt eines Stammes") bezeichnet. Wir finden es in den Texten des Neuen Testaments, und es wird für die Vorfahren Israels benutzt, deren Geschichte mit Abraham beginnt (*Apostelgeschichte* 7, 2). Gott erneuert immer wieder Seine Beziehung mit Israel durch die Patriarchen. Diese haben ihren Glauben an die Verheißungen Gottes niemals verleugnet und Seinem Willen immer gehorcht.

❖ Der **Apostel Paulus** lobt den Glauben Abrahams, der bereit war, auch seinen Sohn Isaak Gott zu opfern, als Gott dies von ihm verlangte, weil er davon überzeugt war, dass Gott Tote zum Leben erwecken kann (*Brief an die Hebräer* 11, 19). An eine gemeinsame Auferstehung aller Toten haben alle Patriarchen geglaubt. Keiner von ihnen hat das Land, das Gott Abraham einst versprochen hatte, erreichen können. Dies war ihnen auch nicht so wichtig. Sie strebten eher nach der himmlischen Heimat (*Brief an die Hebräer* 11, 16).

- Abraham sollte ins Land Kanaan (das verheißene Land) ziehen, das sich im heutigen Israel befand.

- Der Name jeder Person hatte zur Zeit des Alten Testaments noch eine viel größere Bedeutung als heute. Durch den Namenswechsel sollte Abram ein neues Leben beginnen und so immer an das Versprechen Gottes erinnert werden.

- Die Zusagen Gottes an Abraham und später an Isaak und Jakob, also Nachkommenschaft, Landbesitz und Segen, werden mit dem Begriff „Verheißungen" benannt. Eine Art feierlicher Ankündigung von etwas, das als bedeutsam empfunden wird.

- Sara bedeutet „Frau" oder „Herrin". Hagar dagegen bedeutet „Fremde" oder „Andere". Das Kind, das Hagar gebar, wurde Ismael genannt, was „Gott hört" bedeutet. Sara nannte ihr Kind Isaak, was „Man lacht" bedeutet. Nach dem Alten Testament wurde Ismael der Stammvater der Araber (*Genesis* 25, 12-18).

- Die Gastfreundschaft und der Fremde sind ein Thema mit vielen Dimensionen, das alle Menschen aller Zeiten beschäftigt hat: Von den Werken Homers, Platons und Sophokles' über die Bibel und die ersten christlichen Gemeinden bis hin zu den Kirchenvätern. Für die Kirchenväter war das Verhalten Abrahams sogar das Leitbild der Philoxenie (Gastfreundlichkeit) schlechthin. Auch wir sollten uns heute fragen: Wie gehen wir mit Fremden um? Kommen wir ihnen entgegen oder stoßen sie auf unsere Ablehnung?

1. Was genau verlangt Gott von Abraham? Ist es einfach, dieser Einladung Gottes nachkommen zu können? Begründe deine Antwort.

2. Wer war Hagar? Was erfahren wir über diese Person aus der biblischen Erzählung?

3. Kannst du die Erzählung von der Gastfreundschaft Abrahams mit eigenen Worten wiedergeben?

4. Was ist deiner Meinung nach das wichtigste Merkmal der Person Abrahams? Warum?

Erfahren

Bildunterschrift:

....

....

1. Bildunterschrift verfassen

Lest nochmals den Text von 4.1 dieser Lektion und gebt dem Foto oben eine Bildunterschrift.

2. Anfang und Ende einer Geschichte

Besprecht anschließend mit eurer Sitznachbarin/ eurem Sitznachbarn folgendes Thema: Wenn dieses Bild die Mitte einer Geschichte darstellt, was ist eurer Meinung nach der Anfang dieser Geschichte? Und wie geht sie weiter?

3. Nachdenken/ besprechen/ Meinungen vergleichen

Versetzt euch in die Lage Abrahams: Wie schwer ist es für eine Person, ihre Heimat, aus welchen Gründen auch immer, zu verlassen? War es für Abraham eine leichte oder eine schwere Entscheidung, seine Heimat zu verlassen und sich auf die Aufforderung Gottes einzulassen? Besprecht das Thema mit eurer Sitznachbarin/ eurem Sitznachbarn und diskutiert zuletzt alle Meinungen in der Klasse.

Begreifen

4. Bild betrachten/ eine Aussage treffen/ sich fragen

Auf dem Bild oben ist links Abraham im Paradies abgebildet. Besprecht in der Klasse folgende Fragen:

a. Welche Personen könnt ihr noch auf diesem Bild erkennen?
b. Warum hat die Tradition der Kirche dieses Bild geschaffen?
c. Wieso wird Abraham für eine wichtige Persönlichkeit in der Kirche gehalten? Begründet eure Meinung.

Analysieren

5. Eine Geschichte aus einer anderen Perspektive erzählen
Versetzt euch in die Lage von Sara und erzählt die biblische Erzählung aus ihrer Sicht in Bezug auf die Flucht Hagars in die Wüste.

6. Miteinander verbinden/ neue Bezüge entdecken
Betrachtet anschließend das obige Bild. Könnt ihr es vielleicht mit einer biblischen Erzählung aus den vorherigen Lektionen in Verbindung bringen?

7. Nachdenken/ besprechen/ Meinungen vergleichen
In der Lehre unserer Kirche wird diese als „Arche des Heils"* bezeichnet. Haltet dies fest und lest nochmals die biblische Erzählung in Bezug auf die Begegnung Hagars mit Gott. Besprecht anschließend folgende Themen zunächst mit eurer Sitznachbarin/ eurem Sitznachbarn und zuletzt alle Meinungen in der Klasse:

a. Welche Gedanken und Gefühle tauchen in euch auf, wenn ihr hört, dass Gott sich einer „Fremden" offenbart und ihr sogar eine reiche Nachkommenschaft verheißt?
b. Will Gott im Alten Testament letztlich nur bestimmte Personen einladen und segnen oder betrifft Seine Einladung die gesamte Menschheit?
c. Wendet sich die Kirche als „Arche des Heils" nur an bestimmte Personen? Um eine entsprechende Antwort geben zu können, denkt über folgende Friedensbitte aus der Göttlichen Liturgie nach: *„Für den Frieden der ganzen Welt…und die Einigung aller lasst uns den Herrn bitten"*.

Urteilen

8. Miteinander verbinden/ neue Bezüge entdecken

Welches Ereignis aus dem Leben und Wirken Jesu Christi könnt ihr oben auf dem Bild erkennen? Besprecht dieses Thema in der Klasse und findet anschließend fünf Fortsetzungen für den folgenden Satz: Für mich persönlich bedeutet der Ausdruck „*Lasst uns uns selbst und einander und unser ganzes Leben Christus unserem Gott überantworten*" dass...

1.____

2.____

3.____

4.____

5.____

Ich habe in dieser Lektion entdeckt...

Reflektieren und Schreiben im Lerntagebuch
Lektion 4: Vertrauensbeziehungen

Besonders hat mich beeindruckt...

Über Folgendes denke ich nochmal nach (und frage mich, ob/ warum/ wie)...

Reflektieren und Schreiben im Lerntagebuch
Lektion 4: Vertrauensbeziehungen

Bedeutsam für mein Leben ist...

Nachdem du dich mit der folgenden Lektion auseinandergesetzt hast, kannst du:

- die biblische Erzählung über das Verhältnis zwischen den Brüdern Jakob und Esau erzählen
- die biblischen Kriterien, nach denen sich ein Mensch als segenswürdig erweist, nennen
- in der Erzählung über Josef und seine Brüder die Wichtigkeit der Verzeihung erkennen
- Beispiele aus dem alltäglichen Leben benennen, in denen aufgezeigt wird, dass das Böse in den zwischenmenschlichen Beziehungen nur mit der Liebe Gottes besiegt werden kann

Lektion 5: Verzeihen können

5.1 Ein listiger väterlicher Segen

Als der Sohn Abrahams, Isaak, vierzig Jahre alt wurde, heiratete er eine Frau namens Rebekka. Diese schenkte ihm Zwillinge: Esau und Jakob. Zuerst wurde Esau und dann Jakob geboren. Als beide aufwuchsen, erkaufte Jakob von Esau sein Erstgeburtsrecht.

Zur Zeit des Alten Testaments erhielt der erste Sohn, der Erstgeborene, besondere Privilegien und den Segen des Vaters kurz vor seinem Tode, da er ihm als Haupt der Familie folgte. Dieser Segen war ein Versprechen für Kraft im Leben, die der Gesegnete von Gott erwarten durfte. Außerdem empfing er den doppelten Erbteil im Vergleich zu allen anderen Brüdern.

Jakob erhielt vor dem Tod Isaaks durch Täuschung und mit der Hilfe seiner Mutter Rebekka, die dafür auch die Verantwortung übernahm, den Erstgeburtssegen von seinem blinden Vater. Folgender biblischer Text verschafft uns einen Einblick in dieses Ereignis:

«Jakob ging zu seinem Vater hinein und sagte: „Mein Vater". Dieser entgegnete: „Ja, wer bist du, mein Sohn?". Jakob erwiderte: „Ich bin es, Esau dein Erstgeborener" [...] „Steh auf und iss von meinem Wildbret und dann segne mich". [...] Jakob trat zu seinem Vater Isaak hin. Dieser betastete ihn und sagte: „Die Stimme ist die von Jakob und die Hände sind die von Esau". Er erkannte ihn nicht, weil seine Hände behaart waren, wie die seines Bruders Esau. Dann segnete er ihn, aber fragte erneut: „Bist du es, mein Sohn, Esau?". Jakob antwortete: „Ich bin es" [...] Jakob trat näher und küsste ihn. Isaak roch den Geruch seiner Kleider, segnete ihn und sagte: „Ja, mein Sohn duftet wie das Feld, das der Herr gesegnet hat. Gott gebe dir vom Tau des Himmels, vom Fett der Erde, viel Korn und Most. Dienen sollen dir die Völker, Stämme sich vor dir niederwerfen. Die Söhne deiner Mutter sollen dir huldigen. Verflucht, wer dich verflucht! Gesegnet, wer dich segnet!"» (*Genesis* 27, 18-29).

Jakob hat, wie wir aus dem biblischen Text erfahren, mit List den Segen Isaaks erhalten. Auch wenn später Esau unter Tränen bettelte, von seinem Vater gesegnet zu werden, beschloss Isaak, dass Jakob trotzdem gesegnet bleiben sollte (*Genesis* 27, 30-33).

Man sollte nicht vergessen, dass aus Jakob, der später auch von Gott gesegnet worden ist, der Erlöser der Menschheit, also Jesus Christus, geboren werden sollte. Hat der Patriarch dies vielleicht voraussehen können? Bemerkenswert ist, dass Isaak Jakob mit Korn und Wein versah, die Gaben also, die wir für unsere Eucharistie* verwenden. Auch, dass er Esau auffordert, seinem Bruder Jakob in Zukunft zu dienen, ist auffallend (*Genesis* 27, 40).

Ebenfalls erkennen wir, wie sehr sich Jakob um diesen Segen des Erstgeborenen bemüht. Zunächst erkauft er sich von seinem Bruder Esau die Vorrechte der Erstgeburt und dann erhält er durch einen Schwindel den Segen des Vaters.

5.2 Gott liebt alle!

Was aber geschah danach? Esau wurde wütend und wollte Jakob wegen seiner listigen Tat umbringen. Dieser flüchtete, wieder mit der Hilfe seiner Mutter, nach Haran zu ihrem Bruder Laban. Dort vermählte er sich mit beiden Töchtern Labans. Erst mit Lea und dann mit Rahel.

Eines Tages forderte ihn Gott auf, von Haran fortzuziehen und in seine Heimat zurückzukehren. Doch Jakob hatte Bedenken, weil er nicht wusste, wie Esau darauf reagieren würde. Wollte er ihn immer noch töten? Trotzdem wagte er die Rückkehr. Während seiner Reise geschah etwas, das sein Leben für immer ändern würde. Lesen wir gemeinsam die folgende Stelle aus der Bibel:

«Jakob stand in derselben Nacht auf, nahm seine zwei Frauen, seine beiden Mägde und seine elf Söhne und durchschritt die Furt des Jabbok. Er nahm sie und ließ sie den Fluss überqueren. Dann schaffte er alles hinüber, was ihm sonst noch gehörte. Er blieb alleine zurück und musste mit einem Mann ringen, bis die Morgenröte aufstieg. Als der Mann sah, dass er Jakob nicht besiegen konnte, schlug er ihn während des Kampfs auf sein Hüftgelenk, das sich ausrenkte. Dann sagte der Mann: „Lass mich los; denn die Morgenröte ist aufgestiegen“. Aber Jakob antwortete: „Ich lasse dich nicht los, wenn du mich nicht segnest“. Jener fragte: „Wie heißt du?“ und Jakob erwiderte: „Jakob“. „Dein Name wird nicht mehr Jakob sein, sondern Israel, denn mit Gott und Menschen hast du gestritten und hast gewonnen“, sprach der Mann und Jakob fragte: „Nenne mir deinen Namen“. Dieser antwortete: „Wieso fragst du mich nach meinem Namen?“ und segnete ihn gleichzeitig. Daraufhin nannte Jakob diesen Ort ‹Gottes Gesicht› und sagte: „Ich habe von Angesicht zu Angesicht Gott gesehen und meine Seele ist gerettet worden!“. Die Sonne ging auf, als Jakob durch Gottes Gesicht zog. Er aber hinkte an seiner Hüfte.» **(*Genesis* 32, 23-32).**

Wir erkennen, dass Jakob in der oben angeführten Erzählung mit Gott persönlich kämpft. Gott gibt ihm einen neuen Namen und sieht in seiner Person den Nachkommen der Gemeinschaft mit Abraham und Isaak.

Aber wie ist dies möglich? Kann Gott einen Betrüger segnen? Die Antwort lautet: Ja, weil Gott alle Menschen liebt! Auch wenn sie schlechte Dinge getan haben. Er bleibt trotzdem weiterhin bei ihnen. Er hat auch die ganze Zeit die Wege von Jakob begleitet. Ebenfalls erkennt Gott, dass Jakob Ihn mit all seiner Kraft des Herzens kennenlernen will. Er sieht in die Tiefe seiner Seele und erkennt, wie sehr Jakob für Ihn, also für Gott, leben will. Deswegen offenbart Er sich ihm und erneuert mit ihm den Bund seines Volkes.

Außerdem fällt Folgendes auf: Jakob lässt Gott nicht los, wenn Er ihn nicht zuerst segnet! Der ehemalige Abt des Klosters Simonos Petras auf dem Athos Berg, **Emilianos**, schreibt, dass Gott die Überlegenheit der geistig Wachsamen anerkennt. Der scheinbare Sieg der Menschen über Gott ist eine Selbsterniedrigung („Entäußerung"*) Gottes, die den Menschen erfüllt und ihm Kraft schenkt. Die Belohnung Jakobs: Er erhält den Segen Gottes!

Mit anderen Worten: Gott bewundert die Haltung Jakobs in Bezug auf den Erhalt Seines Segens, die eigentlich auch diesen Kampf mit Gott verursacht hat. Diese Erkenntlichkeit vonseiten Gottes gilt für jede Person, die sich nach Gott sehnt und Ihn begegnen will.

5.3 Zeichen der Stärke

Nach diesem Ereignis versöhnte sich Jakob mit Esau, der auf der anderen Seite des Flusses auf seinen Bruder wartete. Esau lief ihm entgegen, umarmte ihn und fiel ihm um den Hals. Er verzieh seinem Bruder das, was er ihm einst angetan hatte!

Jakob kehrte nach Kanaan zurück und lebte dort mit seiner großen Familie. Von all seinen Söhnen liebte er am meisten seinen jüngeren Sohn, dessen Name Josef war. Als Zeichen seiner Liebe schenkte Israel (der früher Jakob hieß) seinem Sohn ein besonderes Gewand. Deswegen hassten ihn seine Brüder und wollten mit ihm kein gutes Wort mehr reden. Einst träumte Josef, dass Sonne, Mond und elf Sterne sich vor ihm verneigt hatten. Als er diesen Traum seiner Familie erzählte, sagte sein Vater zu ihm: *«Was soll das, was du da geträumt hast? Sollen wir vielleicht, ich, deine Mütter und deine Brüder, kommen und uns vor dir zur Erde niederwerfen?»* (*Genesis* 37, 10).

Seine Brüder hassten ihn jetzt noch mehr und suchten nach einer Gelegenheit, um ihn umzubringen. Als sie eines Tages das Vieh ihres Vaters weideten, verkauften sie ihren Bruder Josef an die Ismaeliten, die ihn nach Ägypten brachten. Den Eltern erzählten sie, dass Josef von einem wilden Tier aufgefressen worden sei.

Josef konnte sich in Ägypten als Traumdeuter beweisen und schaffte es sogar, dass der Pharao ihn zum obersten Verwalter und Stellvertreter ernannte.

Nach einiger Zeit brach eine große Hungersnot über alle Länder herein. In Ägypten gab es noch Vorräte an Getreide und alle Welt kam, um diese zu kaufen. Auch Jakob schickte deswegen seine Söhne nach Ägypten.

Dort angekommen fielen sie vor dem Verwalter nieder, also Josef, den sie aber nicht erkannten, und baten ihn, ihnen Brotgetreide zu verkaufen. Josef dagegen erkannte seine Brüder sofort und erinnerte sich an seinen Traum. Er verzieh ihnen und lud sogar die ganze Familie nach Ägypten ein, bis die Hungersnot nachließ.

Die Geschichte Josefs ist ein charakteristisches Beispiel für die Stärke, die in der Verzeihung und in der Liebe zu erkennen ist. Die Verzeihung lässt den Hass verschwinden und bringt den Frieden unter den Menschen, der wichtig für ihr Miteinander ist.

5.4 Leben aus dem Geist, damals und heute

Der Ausgang der biblischen Erzählung über Josef und seine Brüder ist wirklich erstaunlich! Wer hätte so ein großzügiges Verhalten von ihm erwartet? Auch wenn er in seinem bisherigen Leben viel Bitterkeit erfahren musste, ist in seinem Herzen keine Bosheit zu finden! Er will auch keine Vergeltung üben! Im Gegenteil: Er zeigt Liebe und umarmt seine Brüder. Das ist ein Zeichen, dass er ihnen völlig verziehen hat!

Er antwortet also mit Liebe und Güte auf das Böse, das sie ihm angetan haben. Josef zeigt Liebe, weil in ihm die Liebe Gottes lebt. Aus dieser schöpft er die Kraft, seinen Brüdern, die ihm so viel Schmerz und Leid bereitet haben, zu verzeihen.

Josef, wie auch Esau, hat letztendlich das Böse, das er erfahren hat, besiegen können. Nicht indem er Böses mit Bösem vergilt, sondern indem er nur Gutes tut. Die Liebe Gottes ist es, die jeden Menschen befähigt, das Böse zu besiegen. Josef siegt tatsächlich: Seine Brüder werfen sich in seine Arme und bitten ihn um Verzeihung. Die Liebe hat ihr Wunder vollbracht!

Mehrere Jahrhunderte später fordert **Apostel Paulus** die Christen auf, das Böse mit dem Guten zu besiegen:

> «Vergeltet niemand Böses mit Bösem. Seid allen Menschen gegenüber auf Gutes bedacht. Soweit es euch möglich ist, haltet mit allen Menschen Frieden! Rächt euch nicht selber, liebe Brüder, sondern lasst Raum für den Zorn (Gottes); denn in der Schrift steht: „Mein ist die Rache, ich werde vergelten", spricht der Herr. Vielmehr: Wenn dein Feind Hunger hat, gib ihm zu essen, wenn er Durst hat, gib ihm zu trinken; tust du das, dann sammelst du glühende Kohlen auf sein Haupt. Lass dich nicht vom Bösen besiegen, sondern besiege das Böse durch das Gute!»
> **(*Brief an die Römer* 12, 17-21).**

Diese Haltung des Völkerapostels finden wir auch in anderen Schriften. Im „Brief an die Epheser" fordert er ebenfalls die Gemeindemitglieder auf, zueinander gütig und barmherzig zu sein, einander zu vergeben, weil auch Gott ihnen durch Christus vergeben hat (4, 32). Diese Aufforderung ist an alle Christen aller Zeiten gerichtet und natürlich auch an uns heute.

Können wir glauben, dass die Liebe Gottes, wenn diese in unseren Herzen verankert ist, solch eine Kraft besitzt? Denken wir einfach darüber nach...

- Israel bedeutet „der, der mit Gott kämpft". Wie wir aus der biblischen Erzählung erfahren haben, gibt Gott Jakob einen neuen Namen und somit eine neue Perspektive und einen neuen Sinn in seinem Leben. Das erinnert uns an die Namensgebung von Patriarch Abraham.

- 
Johannes von der Leiter (griechisch „Klimakos") schreibt, dass derjenige, der einen Groll gegen jemanden hegt, sich von Liebe entfremdet, Gift in seiner Seele wurzeln lässt und sich schließlich von Gott entfernt. In den Schriften der Kirchenväter gilt die Fähigkeit zum Verzeihen als die schönste Blume der Liebe.

- In den biblischen Erzählungen des Alten Testaments begegnen wir Ereignissen, die Geschehnissen des Neuen Testaments sehr ähnlich sind. Nach der Lehre der Kirchenväter sollen uns die Ereignisse des Alten Testaments gewissermaßen auf die des Neuen Testaments vorbereiten. Um diese Ähnlichkeiten zum Ausdruck zu bringen, wird von den Vätern der Begriff „Vorabbildung" verwendet.

- Für die Kirchenväter ist die Person von Josef eine Vorabbildung unseres Herrn Jesus Christus. Sein Leben hat viele Ähnlichkeiten mit dem Leben Christi. Sein Bild ist das Bild des Gottmenschen Christus. Deswegen gedenkt unsere Kirche zu Beginn der Heiligen und Großen oder Hohen Woche seiner Person. Das weist natürlich auf seine Wichtigkeit hin.

- *«Gott ist Liebe, und wer in der Liebe bleibt, bleibt in Gott und Gott bleibt in ihm.»* (*1. Johannes Brief* 4, 16).

- Das Ringen Jakobs mit Gott hat auch für unser Leben eine besondere Bedeutung. Was Jakob damals erreichen wollte, das sollte auch unser Bestreben sein. Wieso hat der Patriarch eigentlich mit Gott gekämpft? Um Seinen Segen zu erhalten und somit in der Nähe Gottes zu sein. Es war ein harter Kampf, aber Jakob hat nicht aufgegeben und letztendlich durch dieses Verhalten sein Ziel erreicht. Sein Kampf mit Gott ist daher eine symbolische Darstellung einer dauerhaften und intensiven Suche nach Gott. Was ist damit gemeint? Die Antwort finden wir im Leben aller Heiligen der Kirche. Diese hatten ein gemeinsames Ziel vor Augen: Ihr Leben mit dem Segen und der Liebe Gottes zu erfüllen, um somit in Seiner Nähe zu sein. Das aber wird uns nicht mühelos gegeben und kann nur durch unseren geistigen Kampf erreicht werden. Auch wenn wir während dieses Kampfes auf Schwierigkeiten stoßen, dürfen wir, wie die Heiligen und auch Jakob, niemals aufgeben.

1. Auf welche Art und Weise hat Jakob den Erstgeburtssegen von seinem Vater erhalten?

2. Jakob erhält den Segen Gottes nach seinem Kampf mit Ihm. Wie können wir erklären, dass Gott einen Betrüger segnet?

3. War es leicht für Josef, seinen Brüdern nach all dem, was sie ihm angetan haben, zu verzeihen? Woher, glaubst du, hat er die Kraft geschöpft, diese bewundernswerte Tat zu vollbringen?

4. Der Apostel Paulus fordert uns auf, täglich das Böse durch Gutes zu besiegen. Was genau verstehst du darunter?

Erfahren

Bildunterschrift:

....

....

1. Anfang und Ende einer Geschichte

Betrachtet genau das Bild oben. Versucht dann mit Hilfe dessen, was ihr in dieser Lektion erfahren habt, auf folgende Themen einzugehen:

- **a.** Welche Personen sind hier abgebildet?
- **b.** Was ist der Inhalt des Bildes?
- **c.** Was ist dieser Szene vorausgegangen?
- **d.** Was wird als Nächstes passieren?

2. Bildunterschift verfassen

Verfasst anschließend eine passende Bildunterschrift!

Begreifen

3. Einen biblischen Text aktualisieren

a. Lest noch einmal die biblische Erzählung über den Kampf Jakobs mit Gott.

b. Betrachtet anschließend das Bild oben und beschreibt dieses Ereignis in einem Text mit eigenen Worten. Natürlich solltet ihr bedenken, dass euer Text sich an Personen der heutigen Gesellschaft wendet. Versucht daher bewusst, Wörter und Ausdrücke der heutigen Zeit zu verwenden.

Analysieren

4. Anfang und Ende einer Geschichte

Betrachtet das Bild unten und versucht, auf folgende Themen einzugehen:

a. Welches Ereignis wird hier abgebildet?
b. Was ist vorher geschehen?
c. Was wird auf dieses Ereignis folgen?
d. Welche der abgebildeten Personen ist psychisch kräftig und warum? Begründet eure Antwort mit Hilfe der Abbildung und anhand dessen, was ihr im Unterricht besprochen habt.

Urteilen

5. Wandzeitung

Die Lehrkraft hat für die Erstellung einer Wandzeitung ein Brett mit den Maßen 60cm x 100cm vorbereitet. Jede Schülerin und jeder Schüler verfasst auf einem A5 - Blatt eine kurze Erzählung mit ihren/ seinen persönlichen Erfahrungen zum Thema „Verzeihung". Diese Erzählungen werden anschließend am Brett angebracht. Zuletzt bespricht in der Klasse eine passende Überschrift zu dieser Wandzeitung.

6. Bild-Text-Collage

Erstellt in der Klasse eine Collage mit folgendem Thema: „Lass dich nicht vom Bösen besiegen, sondern besiege das Böse durch das Gute!".

Ich habe in dieser Lektion entdeckt…

Reflektieren und Schreiben im Lerntagebuch
Lektion 5: Verzeihen können

Besonders hat mich beeindruckt…

Über Folgendes denke ich nochmal nach (und frage mich, ob/ warum/ wie)...

Reflektieren und Schreiben im Lerntagebuch

Lektion 5: Verzeihen können

Bedeutsam für mein Leben ist...

Wie liest man das Buch „Genesis"?

Aus allen bisherigen Lektionen können wir schlussfolgern, dass die verschiedenen Erzählungen des ersten Buches des Alten Testaments, „Genesis", uns weder naturwissenschaftliche Erklärungen über die Entstehung der Welt noch geschichtliche Informationen über die Erschaffung des Menschen vermitteln wollen. Vielmehr sind diese Erzählungen wichtig, weil sie dem Leben der Menschen einen Sinn geben.

Folgende Punkte sind von enormer Bedeutung für unser Leben:

1. Alles, was existiert, wurde von Gott aus Liebe erschaffen und ist somit nicht einem zufälligen Vorgang zuzuschreiben.

2. In diesem Sinn ist Gott als Quelle des Lebens zu verstehen und wahrzunehmen.

3. Gott lädt alle Menschen ein, glücklich zu leben, was natürlich nur in einer Beziehung mit Ihm umgesetzt werden kann. Er schenkt uns reichlich das Leben, und wir haben die Möglichkeit, dieses kostbare Geschenk aus freiem Willen anzunehmen.

4. Natürlich sehnt sich Gott danach, dass der Mensch stets die Glückseligkeit erlebt. Auf der anderen Seite strebt der Mensch ständig auch sein persönliches Wohlbehagen an. Aber diesen Zustand kann er nur in der ständigen Gemeinschaft mit Gott erfahren und nicht, wenn er von Ihm entfernt lebt.

5. Der Mensch wurde nach dem Abbild Gottes geschaffen und kann Ihm ähnlich werden. Da er von Gott mit Freiheit ausgestattet worden ist, kann er die Einladung Gottes, mit Ihm gemeinsam zu leben, auf eigene Verantwortung annehmen oder auch ablehnen.

6. Wenn der Mensch die Einladung Gottes annimmt, kann er die wahre Glückseligkeit in seinem Leben erfahren. Wenn er sie ablehnt, entfernt er sich aus freiem Willen von der Quelle des Lebens, also von Gott, und erfährt die Unzufriedenheit. Diese Entscheidung wird von der Kirche als „Verfehlung" oder „Sünde" (biblisch „Hamartia") bezeichnet, gerade weil der Mensch damit das wahre Glück verfehlt und es in seinem Leben nicht erfahren kann.

7. Die Sprache der Texte im Buch „Genesis" ist lyrisch und symbolisch. Das bedeutet aber nicht, dass der Inhalt dieser Texte einen märchenhaften Charakter hat. Im Gegenteil - wir finden in den Texten von Gott inspirierte Wahrheiten, welche die Menschen zu jeder Epoche ansprechen.

Nachdem du dich mit der folgenden Lektion auseinandergesetzt hast, kannst du:

- die wichtigsten biblischen Ereignisse über das Leben von Moses zusammenfassen
- erläutern, wieso die Erzählung über den brennenden und doch nicht verbrennenden Dornbusch als Offenbarung Gottes wahrgenommen wird
- erklären, wieso das Durchschreiten des Roten Meeres durch die Israeliten für das Leben der Kirche eine besondere Bedeutung hat
- grundsätzliche Aspekte des Pascha-Festes für Juden und Christen benennen
- die Beziehung zwischen dem jüdischen und dem christlichen Pascha-Fest aufzeigen

6.1 Vom Geretteten...

Das zweite Buch der Bibel wird „Exodus" genannt (das kommt aus dem Griechischen und bedeutet wörtlich „Auszug") und verrät uns, wie die Nachkommen Jakobs in Ägypten unterdrückt worden sind und wie sie sich letztendlich mit Hilfe des Eingreifens Gottes aus dieser Situation befreien konnten.

Sie vermehrten sich mit der Zeit, so dass aus ihnen ein ganzes Volk entstanden ist, die Israeliten. Als der Pharao das realisierte, bekam er Angst, dass dieses Volk eines Tages an die Macht kommen könnte. Um das zu verhindern, beschloss er, bestimmte Maßnahmen zu treffen: Er befahl, dass alle Israeliten Zwangsarbeiten ausführen mussten. Auch gab er den Befehl, alle neugeborenen Knaben des israelitischen Volkes durch Ertränkung im Nil zu töten! Nur ihre Töchter durften am Leben bleiben.

Ein Knabe konnte aber durch Zufall diesem Schicksal entgehen. Seine Mutter ließ ihn drei Monate nach seiner Geburt am Ufer des Nils aussetzen. Dort fand die Tochter des Pharao den Knaben und hatte Mitleid mit ihm. Sie ließ das Kind, dem sie den Namen „Moses" (das bedeutet „aus dem Wasser gerettet") gab, heimlich im Palast aufwachsen und zog es wie ihr eigenes Kind auf.

Wahrscheinlich hatte Moses aber auch Kontakt zu seinem Volk und wusste, wie dieses unter der grausamen Herrschaft der Ägypter gelitten hat. Aus diesem Grund vielleicht flüchtete er in die Wüste. Dort lebte er als Schafhirt und heiratete eine Frau, die nicht Israelitin war. Eines Tages geschah dann etwas Wundersames:

«Moses weidete die Schafe des Jitro, seines Schwiegervaters und Priesters von Midian. Eines Tages [...] kam er am Berg Gottes an, am Horeb. Ein Engel des Herrn erschien dann in einer Flamme, die aus einem Dornbusch emporschlug. Moses sah zwar, dass der Dornbusch brannte, aber nicht verbrannte. [...] Als der Herr sah, dass Moses näher kam, um dies zu beobachten, rief Gott ihm aus dem Dornbusch zu: [...] „Ich bin der Gott deiner Vorfahren, der Gott Abrahams, der Gott Isaaks und der Gott Jakobs. [...] Ich sah das Elend meines Volkes in Ägypten und hörte ihre Schreie wegen ihrer Unterdrücker. Ich kenne ihre Leiden. Deswegen bin ich herabgestiegen, um sie von den Ägyptern zu retten und aus jenem Land in ein Land zu führen, in ein weites und fruchtbares Land, wo Milch und Honig fließen, in das Gebiet der Kanaaniter [...]. Jetzt, wo der Schrei der Israeliten zu mir gedrungen ist und ich sah, wie sie von den Ägyptern unterdrückt werden, sende ich dich zum Pharao, um mein Volk, die Israeliten, aus Ägypten herauszuführen". [...] Moses sagte zu Gott: „Wer bin ich, dass ich zum Pharao gehe und die Israeliten aus Ägypten herausführen könnte?" „Ich werde mit dir sein", antwortete ihm Gott. [...] Moses sagte erneut: „Gut, ich werde zu den Israeliten gehen und ihnen sagen: Der Gott eurer Väter hat mich zu euch gesandt. Die aber werden mich fragen: Wie ist sein Name? Was soll ich darauf antworten?". Da antwortete Gott dem Moses: „Ich bin der Seiende".» **(*Exodus* 3, 1-14).**

A

6.2 ...zum Retter!

Moses hat diese wunderbare Erfahrung, wie wir gesehen haben, in der Wüste gemacht. Der Herr ist ihm aus dem brennenden Dornbusch erschienen. Wer ist aber dieser Herr? Nach der Lehre der Kirche ist es unser Herr, unser Gott, und zwar die zweite Person des dreieinen Gottes, also der Sohn Gottes!

Was verrät Gott Moses? Er nennt ihm Seinen Namen. Und dieser lautet: „Ich bin der Seiende". Im Hebräischen wird Gott „Jahwe" (JHWH) genannt.

Nicht zufällig kann man diesen Satz („Ich bin der Seiende", griechisch „Ὁ Ὤν") in der Kuppel vieler orthodoxer Kirchen wiederfinden: Der Allmächtige Gott umarmt aus Liebe in Demut und Barmherzigkeit Seine gesamte Schöpfung. Der oben aufgeführte Ausdruck bedeutet: Gott ist die Quelle des Lebens. Er ist es, der allen Wesen das Leben schenkt. Das Leben beginnt mit Gott, weil Gott das Leben selbst ist!

Moses erhält also von Gott persönlich den Auftrag, nach Ägypten zurückzukehren und die Israeliten, die dort als Sklaven lebten, zu befreien. Er soll ihr Anführer werden und das Volk in das Land der Verheißung führen. Er gehorcht Gott; im Alter von 80 Jahren kehrt er nach Ägypten zurück und bittet den Pharao, sein Volk von der Sklaverei zu befreien und aus Ägypten ausziehen zu lassen. Die Verhandlungen mit dem Pharao sind aber erfolglos. Der Pharao wird anschließend mit einer Reihe von Katastrophen konfrontiert, die anfangs noch harmlos sind. Diese wurden als die „zehn Plagen" des Pharao bekannt. Die letzte Plage war die schrecklichste, wie wir im biblischen Auszug lesen werden:

«Der Herr sprach zu Moses und Aaron in Ägypten: „Dieser Monat wird für euch der Anbeginn des Jahres sein [...]. Sagt zu jeder Gemeinde Israels: Am Zehnten dieses Monats soll jeder ein Lamm oder eine Ziege für seine Familie holen [...]. So sollt ihr dieses essen: Eure Hüften sollen gegürtet sein, Schuhe an den Füßen und den Stab in der Hand halten. Esst hastig. Dies wird die Paschafeier sein, um mich, euren Herrn, zu ehren. In dieser Nacht werde ich durch Ägypten gehen und jedes Erstgeborene im Lande bei Mensch und Vieh erschlagen. Über alle Götter Ägyptens halte ich, der Herr, Gericht. Das Blut aber an den Häusern, in denen ihr wohnt, soll das Zeichen zu eurem Schutz sein. Ich werde es sehen und an euch vorübergehen. So werdet ihr dem vernichtendem Unheil ausweichen".» (*Exodus* 12, 1-14).

A

6.3 *Aufbruch in die Freiheit*

Nach fast 400 Jahren Unterdrückung konnten die Israeliten endlich Ägypten verlassen und somit in die Freiheit aufbrechen. Der Pharao hatte sich nach dieser schwierigen Zeit der Plagen umstimmen lassen und Israel die Freiheit gewährt. Moses sollte seine Landsleute aus Ägypten herausführen. Doch der eigentliche Anführer des Auszugs war nicht er, sondern Gott selbst.

Der Weg in das Land der Verheißung führte allerdings durch die Wüste. Eine Wolkensäule leitete tagsüber Israel zu seinem Ziel und beschützte es vor der heißen Sonne. In der Nacht wurde es dann von einer leuchtenden Feuersäule begleitet, um niemals den richtigen Weg zu verlieren. Unter dem Schutz Gottes also nahmen hunderttausende Israeliten den mühevollen Weg des Auszugs aus Ägypten auf sich.

Doch als Israel noch unterwegs war, änderte der Pharao seinen Beschluss. Er befahl seiner Streitmacht, die Israeliten zu verfolgen. Als sie sich dem Roten Meer näherten, bemerkten sie, dass die Ägypter sie fast eingeholt hatten. Sie mussten sich nun aus dieser schwierigen Lage befreien. Aber wie?

Vor ihnen befand sich das Meer und hinter ihnen die Streitmacht des Pharaos. Israel zweifelte jetzt an Gott und verlor seinen Glauben. *«Gab es denn keine Gräber in Ägypten, dass du uns zum Sterben in die Wüste holst? […] besser Sklaven der Ägypter zu sein, als in der Wüste zu sterben.»* **(*Exodus* 14, 11-12), warfen sie Moses vor.**

Moses aber verlor nicht den Mut, betete zu Gott und berührte mit seinem Stab das Wasser. Und siehe, ein Wunder geschah! Das Wasser teilte sich und Israel konnte trockenen Fußes durch das Meer ziehen. Als die Israeliten auf der anderen Seite am Ufer angekommen waren, kehrte das Wasser zurück und bedeckte die Streitmacht des Pharaos. «Das Volk bekam Ehrfurcht vor dem Herrn und sie gewannen Vertrauen auf Gott und Moses, Seinen Diener.» (*Exodus* 14, 31).

Diese Ereignisse haben eine enorme Bedeutung für das Leben der Kirche. Deswegen schreibt der **Apostel Paulus** an die Gemeinde von Korinth: «Ihr sollt wissen, Brüder und Schwestern, dass unsere Väter alle unter der Wolke waren, alle durch das Meer zogen und alle auf Moses getauft wurden in der Wolke und im Meer.» (*1. Brief an die Korinther* 10, 1-2).

Nach unserer liturgischen Tradition soll Moses mit seinem Stab auf dem Wasser das Kreuzzeichen gezeichnet haben und so die Israeliten vor den Ägyptern, die Israel nachjagten, gerettet haben.

„Ein Kreuz zeichnete Mose mit dem Stab und teilte das Rote Meer senkrecht für Israel, das hindurch zog; umgekehrt ließ er es den Kriegswagen des Pharaos entgegenschlagen und vereinte es wieder, als er waagrecht zeichnete das unüberwindliche Siegeszeichen. Deshalb singen wir Christus, unserem Gott, denn Er hat sich verherrlicht." (Aus dem Fest der Kreuzerhöhung).

A

6.4 Pascha für Juden und Christen

Was bedeutet das Wort „Pascha"? Das Wort leitet sich vom Hebräischen „Pessach" ab. Wir begegnen diesem im Alten Testament. Es steht für die Befreiung Israels und könnte mit „Durchquerung" oder „Überquerung" übersetzt werden.

Für die Israeliten ist das Pessach-Fest mit der letzten Plage des Pharaos verbunden. In dieser Nacht, in der der Auszug aus Ägypten begann, teilte Gott Moses mit, wie sich sein Volk vor dieser Prüfung retten sollte: Jede Familie musste ein kleines makelloses Lamm opfern und mit dem Blut den Eingang ihres Hauses bestreichen. So würden sie ihre Erstgeborenen retten können, da alle Häuser mit dem Blutzeichen von der letzten Plage verschont würden. Auch ist dieses Fest auf die Durchquerung des Roten Meeres bezogen, da somit der Übergang von der Sklaverei in die Freiheit des versprochenen Landes ermöglicht worden ist. Dessen gedenken die Israeliten heute noch und feiern dieses Fest jedes Jahr am 15. ihres Monats Nisan, der immer zwischen März und April fällt.

In der Orthodoxie wird das Pascha-Fest ebenfalls gefeiert. Der Inhalt aber ist ein ganz anderer. Auch hier ist die Rede von Befreiung, von Übergang, aber in einer anderen Form. Im Pascha-Fest der Israeliten wird ein Lamm geopfert, um die Erstgeborenen Israels zu retten, das sich anschließend für immer aus der Sklaverei der Ägypter befreien kann. Im christlichen Pascha-Fest wird nicht ein Lamm, sondern Christus selbst geopfert! Am Abend Seiner letzten Begegnung mit Seinen Jüngern schenkt Er uns Seinen Leib und Sein Blut, damit jeder Mensch sich von der Sklaverei der Verfehlung und des Todes befreien kann. Das christliche Pascha-Fest ist das Osterfest, wo wir die Auferstehung Jesu Christi von den Toten feiern und damit auch den Übergang vom vergänglichen zum ewigen Leben. Das Datum des Pascha-Festes hat die Kirche schon sehr früh festgelegt. Im Ersten Ökumenischen Konzil* (325 in Nikäa) beschloss man, Ostern immer am ersten Sonntag nach dem ersten Vollmond nach Frühlingsbeginn (21. März) zu feiern.

Der Teil des Brotes, der in der Göttlichen Liturgie für die Eucharistie verwendet wird und der Christus symbolisiert, wird als „Lamm" bezeichnet. Christus ist also unser Paschalamm, das geopfert wird (*1. Brief an die Korinther* 5, 7) und somit die „Verfehlung der Welt" hinwegnimmt (*Evangelium nach Johannes* 1, 29)

- Die Erzählungen über Abraham, Isaak, Jakob und seine Söhne machen den zweiten Teil des Buches „Genesis" aus. Das Buch schließt mit dem Tod Jakobs in Ägypten, da er dorthin mit seiner ganzen Familie übersiedelt ist, um die Hungersnot zu bewältigen. Josef tröstet seine Brüder und verspricht ihnen, sich um sie und ihre Familien zu sorgen.

- Der brennende und doch nicht verbrennende Dornbusch, schreibt **Johannes Chrysostomos**, ist eine Vorabbildung der Allheiligen Gottesmutter. So wie der Dornbusch brannte und doch nicht verbrannte, so hat auch die Gottesmutter in ihrem Leib die Flamme der Gottheit empfangen, ohne durch diese verbrannt zu werden. Man sollte erwähnen, dass die Macht und die Herrlichkeit Gottes so gewaltig sind, dass ein Mensch diese ohne die helfende Hand Gottes nicht ertragen kann!

- 

Augustinus von Hippo sieht im Durchzug durch das Rote Meer eine Vorabbildung des Mysteriums der Taufe. Moses ist die Vorabbildung Christi und Israel die Vorabbildung der Gläubigen der Kirche.

❖ **Johannes der Evangelist** und Jünger Jesu Christi berichtet erstaunt, wie die Soldaten nicht die Beine Jesu zerschlugen, als Er am Kreuz schon tot war, sondern mit einer Lanze in Seine Seite stoßen und erinnert sich an das makellose Lamm, das nach den Vorschriften Mose keinen gebrochenen Knochen haben soll (*Evangelium nach Johannes* 19, 33-37).

❖ Da die Christenheit seit dem 16. Jahrhundert zwei Kalender benutzt (den Julianischen und den Gregorianischen), feiern nicht alle Christen gemeinsam dieses Fest. Auch innerhalb der Orthodoxie werden beide Kalender benutzt.

Christliche Zeitrechnung:
Der Julianische und der Gregorianische Kalender

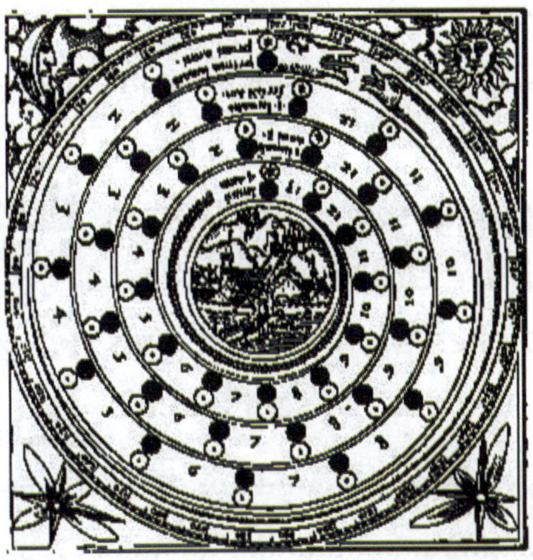

- Der Julianische Kalender wurde von Kaiser Julius Caesar im Jahr 45 v. Chr. eingeführt.
- Das Jahr war in zwölf Monate gegliedert und durch die Vier-Jahres-Regel dauerte dieses genau 365, 25 Tage.
- Da diese Zeitrechnung aber von der Dauer des Sonnenjahres abwich und somit die Berechnung des Osterfestes in Bezug auf den Frühlingsanfang immer wieder verlegt werden musste, hat man eine verbesserte Schaltregel eingeführt.
- So entstand der Gregorianische Kalender, den Papst Gregor der XIII. im Jahr 1582 n. Chr. einführte.

1. Auf welche Art und Weise wurde Moses gerettet, als er noch ein Säugling war?

2. Wie hat sich Gott Moses auf dem Berg Sinai offenbart? Was hat Gott ihm aufgetragen?

3. Hört euch anhand des QR-Codes eine Ode (Lobgesang aus Texten der Bibel) aus dem „Bittgebet an die Allerheiligste Gottesmutter“ an. Beantwortet anschließend folgende Frage: Welches wichtige Ereignis aus dem Alten Testament wird mit dem Wort „Exodus“ beschrieben?

4. Welche Unterschiede sind in Bezug auf das Pascha-Fest zwischen Juden und Christen zu erkennen?

Erfahren

1. Bild betrachten/ eine Aussage treffen/ sich fragen

Betrachtet das Bild oben. Welches Ereignis wird hier dargestellt? Wie würdet ihr die Tat, die hier abgebildet wird, bewerten? Begründet eure Antwort.

2. Schulzeitung

Verfasst anschließend einen kurzen Text für die Schulzeitung und beschreibt darin das Ereignis!

Begreifen

3. Wandfigur

Die Lehrkraft zeichnet auf der Tafel den Umriss einer menschlichen Figur, die Moses darstellen soll.

a. Die Klasse teilt sich in zwei Gruppen auf.
b. Die Schülerinnen und Schüler der ersten Gruppe schreiben innerhalb dieses Umrisses ein Wort oder auch mehrere Wörter, die die Gefühle von Moses nach seiner wunderhaften Begegnung mit Gott zum Ausdruck bringen.
c. Die Schülerinnen und Schüler der zweiten Gruppe schreiben außerhalb des Umrisses ein Wort oder auch mehrere Wörter, die die Gefühle der Israeliten beschreiben, als sie Moses nach seiner Begegnung mit Gott erblicken.

4. Im Internet recherchieren

Betrachtet den „Seder-Teller" auf dem Bild unten und sammelt anschließend Informationen darüber, wie das Pessach-Fest in der Tradition der Juden heute gefeiert wird.

Analysieren

5. Über Bekanntes nachdenken/ weiter nachforschen

Betrachtet das Bild unten. Es handelt sich um eine Szene der Erscheinung Gottes aus dem brennenden Dornbusch. Welche Personen werden im Dornbusch abgebildet und warum?

Urteilen

6. Eine biblische Stelle finden

Sucht folgende Stelle: *Evangelium nach Johannes* 1, 19-34.

7. Nachdenken/ besprechen/ Meinungen vergleichen

Beantwortet anschließend folgende Fragen: Welche Person ist mit dem Ausdruck „Lamm Gottes" in Vers 29 gemeint? Warum wird dieser Ausdruck von Johannes dem Täufer benutzt? Besprecht dann mit eurer Sitznachbarin/ eurem Sitznachbarn und zuletzt in der Klasse alle Antworten.

8. Miteinander verbinden/ neue Bezüge entdecken

Das Bild unten zeigt das Gewölbe des Altars der Basilika des Heiligen Vitalis in Ravenna (Italien). Bemerkenswert ist, dass in der Mitte dieser Kuppel ein Lamm abgebildet ist. Versucht zu erklären, was diese Abbildung versinnbildlicht und was diese bildliche Darstellung mit unserer Lektion zu tun hat.

Ich habe in dieser Lektion entdeckt...

Reflektieren und Schreiben im Lerntagebuch,
Lektion 6: Frei leben...

Besonders hat mich beeindruckt...

E

Über Folgendes denke ich nochmal nach (und frage mich, ob/ warum/ wie)...

Reflektieren und Schreiben im Lerntagebuch
Lektion 6: Frei leben...

Bedeutsam für mein Leben ist...

Nachdem du dich mit der folgenden Lektion auseinandergesetzt hast, kannst du:

- die Erzählung über die Israeliten und das „Goldene Kalb" mit eigenen Worten wiedergeben
- die Begriffe „Götze" und „Götzendienst" erläutern
- verstehen, dass die Gebote Gottes die Freiheit des Menschen sichern
- erklären, warum die Liebe zum Nächsten das wichtigste Gebot ist
- die heutigen Götzen kritisch bewerten

Lektion 7: ...ohne Wegweiser?

7.1 Vertrauensverlust

Nach der Durchquerung des Roten Meeres wurden die Israeliten mit der ungastlichen Wüste und vielen Hindernissen konfrontiert. Aber Gott lässt Sein Volk nicht im Stich. Zur Sättigung Israels ließ Er auf wunderbare Weise Brote (biblisch „Manna") und Wachteln (Geflügel) vom Himmel regnen, und um seinen Durst zu stillen, ließ Er Wasser aus einem Felsen fließen.

Der **Apostel Paulus** schreibt diesbezüglich:

«Alle aßen auch die gleiche gottgeschenkte Speise, und alle tranken den gleichen gottgeschenkten Trank; denn sie tranken aus dem Leben spendenden Felsen, der mit ihnen zog; dieser Fels war Christus.» (***1. Brief an die Korinther*** 10, 3-4).

Gott beauftragte sogar Moses, alle Geschehnisse auf der Halbinsel Sinai niederzuschreiben (*Exodus* 17, 14).

Nach mehreren Wanderungen traf Israel endlich in der Wüste Sinai ein. Auf Anordnung von Moses schlugen die Israeliten gegenüber dem Berg Sinai ihr Lager auf. Nach der biblischen Überlieferung hatte Moses erneut eine Begegnung mit Gott, der Seine Gemeinschaft (Bund) mit Israel durch den „Dekalog“ (das kommt aus dem Griechischen und bedeutet „zehn Worte“) besiegelt. Nach dieser Begegnung steigt Moses, nachdem er gefastet und gebetet hat, noch ein zweites Mal auf den Berg und hält sich dort mehrere Tage lang auf.

Moses hat sich also auf diese Begegnung mit Gott vorbereitet: Er fastete und betete. Auch heute sollten wir uns auf unsere Begegnungen mit Gott in der Kirche dementsprechend vorbereiten. Tun wir das auch?

Als seine Landsleute lange Zeit nichts von Moses hören, resignieren sie und verlieren ihren Glauben an Gott. Was sie anschließend tun, können wir im folgenden biblischen Text lesen:

«Als die Israeliten sahen, dass Moses immer noch nicht vom Berg herabkam, versammelten sie sich um Aaron und sagten zu ihm: „Steh auf, mach uns einen Gott, der unserem Weg vorausgeht, denn wir wissen nicht, was mit Moses, dem Mann der uns aus Ägypten herausgeholt hat, geschehen ist“. Aaron antwortete: „Nehmt euren Frauen, Söhnen und Töchtern die goldenen Ringe, die sie an den Ohren tragen ab, und bringt sie mir her“. [...] Er nahm sie entgegen, schmolz sie ein und formte in einer Gussform eine Kalbstatue. Das Volk rief dann: „Das ist dein Gott, Israel, der dich aus Ägypten herausgeführt hat“. [...] Da sprach der Herr zu Moses: „Geh, steige hinab, denn das Volk, das du aus Ägypten herausgeführt hast, hat eine große Sünde begangen. Sie sind vom Weg, den ich ihnen zeigte, abgewichen. Sie gossen ein Kalb und haben es angebetet“.» **(*Exodus* 32, 1-8).**

7.2 Gott oder Götzen?

Auch wenn Moses Gott persönlich begegnet, sind die Israeliten an Seinen „Worten" (oder „Geboten") nicht interessiert. Es scheint so, als ob sie die Liebe und die Barmherzigkeit, die ihnen Gott, ihr Vater, bis heute entgegengebracht hat, völlig vergessen haben.

Sie fordern Aaron auf, ihnen einen neuen Gott zu liefern. Und dies geschieht auch! Was danach folgt, können wir im folgenden Abschnitt lesen:

> «Da sprach der Herr zu Mose: Geh, steige hinunter, denn dein Volk, dass du aus Ägypten hinausgeführt hast, läuft ins Verderben. Schnell sind sie vom Weg abgewichen, den ich ihnen vorgeschrieben habe. Sie haben ein Kalb aus Metall gegossen und werfen sich vor ihm zu Boden.» **(*Exodus* 32, 7-8).**

Israel hatte sich in diesem Sinne von seinem wahren Gott abgewendet und einen falschen angebetet. Sie beteten einen Götzen an, der in Wirklichkeit nicht existierte. Als Moses endlich vom Berg hinabsteigt, ist er enttäuscht und kann das, was seine Augen wahrnehmen, nicht verstehen. Soeben hat er noch von Gott auf zwei von Ihm selbst beschrifteten Tafeln Seine „Worte" erhalten! Er wird vom Zorn entflammt und zerschmettert die beiden Tafeln am Fuß des Berges Sinai.

In der gesamten biblischen Tradition werden die Götzen verworfen, weil sie ein Trugbild sind. Besonders die Propheten kritisierten die Herstellung von Götzen, da es sich hier um eine Unnatürlichkeit handelt. Der Mensch betet anstelle seines Schöpfers Sein Geschöpf an!

Dies kommt klar auch im Buch der „Psalmen" zum Ausdruck:

«Die Götzen der Heiden sind nur Silber und Gold, ein Machwerk von Menschenhand. Sie haben einen Mund und reden nicht; Augen und sehen nicht; sie haben Ohren und hören nicht; auch ist kein Hauch in ihrem Mund.» (134, 15-17).

Der wahre Gott ist also kein Objekt, das der Mensch nach Belieben herstellen und behandeln kann. Er ist der Schöpfer aller Dinge und geht mit Seinen Kindern eine lebendige Beziehung ein. Diese Beziehung kann auch manchmal auf die Probe gestellt werden. Deswegen muss der Mensch auch dazu bereit sein, sich für diese zu bemühen und opfern zu können!

Johannes der Evangelist bemerkt diesbezüglich: *«Der Sohn Gottes ist gekommen und hat uns Einsicht geschenkt, den wahren Gott zu erkennen; wir sind mit diesem wahren Gott durch seinen Sohn, Jesus Christus, vereint. Dieser wahre Gott ist das ewige Leben. Meine Kinder, hütet euch vor den Götzen!»* (*1. Johannes Brief* 5, 20-21).

Theodor Studites erklärt sehr treffend den Unterschied zwischen einem Götzenbild und einem Bild (Ikone). Die Ikone ist ein Abbild des Existierenden; das Götzenbild dagegen ist ein Abbild des Nicht-Existierenden. Die Ikone hat ein bestimmtes und wahrhaftiges Urbild zur Vorlage; sie ist das Abbild des wahrhaftigen und lebendigen Gottes.

Wir leben zwar heute nicht in biblischen Zeiten, aber eigentlich laufen wir immer noch irgendwelchen Götzen nach: Geld, Macht, verschiedene Formen der Sucht, Erfolg auf Kosten der Anderen...oder nicht?

7.3 Neuer Anfang

Auch wenn Israel seinen wahren Gott durch einen Götzen vorläufig ersetzte, hat es sich letztendlich doch noch besonnen. Moses erhält erneut von Gott die beiden Tafeln mit Seinen „Worten". Somit wird die Gemeinschaft zwischen Gott und Israel bestätigt und ein neuer Anfang in Bezug auf das Miteinander der Israeliten gemacht. Wer diese „Worte" Gottes einhält, bestätigt somit, dass er zum Volk Gottes gehört. Andernfalls schließt er sich selbst von dieser Gemeinschaft aus.

Diese „zehn Worte" beinhalten eigentlich die wichtigsten Punkte in Bezug auf die Beziehung der Israeliten zu Gott und ihren Mitmenschen. Welche sind diese? Lesen wir gemeinsam die folgende biblische Stelle:

«Gott sprach zum Volk und sagte diese Worte:

(1.) „Ich bin der Herr, dein Gott, der dich aus Ägypten herausgeführt hat, dem Ort der Sklaverei. Außer mir sollst du keine anderen Götter haben.

(2.) Du sollst dir kein Gottesbild machen und kein Abbild von irgendetwas am Himmel droben oder auf Erden unten oder im Wasser unter der Erde. Du sollst dich nicht vor ihnen niederwerfen oder diese anbeten, weil ich der Herr, dein Gott, ein Gott bin, der Ausschließlichkeit verlangt. [...]

(3.) Du sollst nicht den Namen des Herrn, deines Gottes, missbrauchen [...]

(4.) Widme den Samstag deinem Herrn und Gott. Sechs Tage sollst du arbeiten [...] Aber der siebte Tag ist ein Tag der Ruhe, mir geweiht, deinem Herrn und Gott.

(5.) Ehre deinen Vater und deine Mutter [...]

(6.) Du sollst nicht morden.

(7.) Du sollst dich deinem Ehemann oder deiner Ehefrau hingeben.

(8.) Du sollst nicht stehlen.

(9.) Du sollst nicht falsch gegen deinen Nächsten aussagen.

(10.) Du sollst nicht das, was deinem Nächsten gehört, verlangen; weder sein Haus noch seine Frau, sein Kind oder sein Vieh..." »

(Exodus 20, 1-17).

Alle von uns kennen die zehn Gebote Gottes. Vielleicht mussten wir diese in der Schule auch schon auswendig lernen. Die Frage, die sich aber stellt, ist, ob wir diese Gebote auch wirklich verstanden haben? Haben wir es wirklich mit der Einschränkung unserer Freiheit zu tun? Oder sind diese eher als Voraussetzung unserer Freiheit zu verstehen?

Gleich am Anfang lesen wir, dass Gott die Israeliten aus der Sklaverei der Ägypter befreit hat. Gott ist also derjenige, der Freiheit schenkt! Dies gilt aber auch für alle Menschen aller Zeiten; Gott befreit uns von allem, was unfrei macht. Reichtum oder Macht zum Beispiel sind auch eine Art Knechtschaft und können Menschen, ohne dass sie es wahrnehmen, abhängig und unfrei machen.

Wenn Gott also den Menschen die Freiheit schenkt, muss diese auch für alle gleich möglich sein. Nur so kann das gemeinsame Leben in Würde umgesetzt werden. Das bedeutet, dass die Freiheit des einen dort aufhört, wo die des nächsten beginnt. In diesem Sinne zum Beispiel kann man nicht das Leben des Anderen zerstören oder auch nicht nach diesem trachten.

A

7.4 Liebt einander!

Als Jesus Christus Jahrhunderte später einst von einem Gesetzeslehrer gefragt wurde, welches Gebot das wichtigste sei, antwortete Er:

«Du sollst den Herrn, deinen Gott, lieben mit ganzem Herzen, mit ganzer Seele und mit all deinen Gedanken. Das ist das wichtigste und erste Gebot. Ebenso ist das zweite: Du sollst deinen Nächsten lieben wie dich selbst. An diesen beiden Geboten hängt das Gesetz samt den Propheten.» (*Evangelium nach Matthäus* 22, 37-40).

Wir haben eigentlich hier eine Zusammenfassung der „Worte" vom Sinai, da in diesen zwei Geboten das Verhalten der Menschen gegenüber Gott und ihren Mitmenschen angesprochen wird. Diese kommen auch im Gebet der Kirche, in der Göttlichen Liturgie, zum Ausdruck. Im Vollzug der Göttlichen Liturgie wenden wir uns nicht nur an Gott, sondern umarmen die ganze Welt und alle Menschen.

Die Liebe zu allen Mitmenschen ohne Ausnahme wird von Jesus Christus mehrmals erwähnt. Sie hat den Charakter der Aufopferung für den Anderen und kommt zum Ausdruck mit unserer Teilnahme am Leib und am Blut unseres Herrn, also an der Göttlichen Eucharistie.

Johannes von Damaskus schreibt, dass diese eucharistische Gemeinschaft einen mystischen Leib Christi konstituiert, in dem das gleiche Blut fließt. Dies weist darauf hin, dass das Mysterium der Göttlichen Eucharistie mit dem Gebot der Liebe verbunden wird.

Nehmen wir als Beispiel den menschlichen Körper, der aus verschiedenen Organen besteht: Diese wiederum arbeiten miteinander; das Herz versorgt alle anderen Organe mit Blut und ermöglicht somit das Leben. Dies gilt auch in Bezug auf den Leib Christi in der Kirche; durch die Teilnahme am Mahl des Herrn werden wir Glieder Seines Leibes und sorgen uns liebend für die anderen Glieder dieses Leibes, genau wie auch jedes Organ des menschlichen Körpers für alle anderen nützlich wird und somit seine Existenz ermöglicht.

Wie ist diese Liebe zu verstehen? Der Mensch muss seinen Mitmenschen lieben, wie Christus die Menschheit geliebt hat. Folgende Worte Christi verraten uns genau, was diese Liebe mit sich bringt:

> «Dies ist mein Gebot: Liebt einander, so wie ich euch geliebt habe. Es gibt keine größere Liebe, als wenn einer seine Seele für seine Freunde hingibt. Ihr seid meine Freunde, wenn ihr das tut, was ich euch auftrage.»
> (*Evangelium nach Johannes* 15, 12-14).

Wir erkennen hier, dass Christus die Liebe zu Gott mit der Liebe zum Mitmenschen verbindet: Wer den Anderen liebt und sich für ihn hergibt, der liebt auch Christus. Die Liebe zu Gott setzt die Liebe zum Mitmenschen voraus. Wer seinen Mitmenschen nicht liebt, der kann auch Gott nicht lieben.

Wie sind diese Worte Christi zu verstehen?

Es handelt sich nicht um Gesetze oder Regeln, auf deren Verletzung Bestrafung folgt. Auf keinen Fall! So sind diese Worte nicht zu verstehen! Die Worte Christi sind Worte, die sich für unser Leben als Wohltaten erweisen. Sie führen uns, wie einst die Israeliten, zu unserer wirklichen Freiheit! Wenn wir diese einhalten, bleiben wir in Gemeinschaft mit Gott und mit Seiner Kirche. Auf diese Art und Weise befreien wir uns von jeglicher Verfehlung und können mit der Gnade des Heiligen Geistes alle Menschen und die gesamte Schöpfung umarmen.

❖ Die beiden Tafeln mit den „zehn Worten" Gottes wurden von den Israeliten in einer tragbaren mit Gold überzogenen Holztruhe aufbewahrt. Dieser Gegenstand, der als „Bundeslade" oder „Bundestruhe" bezeichnet wurde, sollte ein Zeichen der Anwesenheit Gottes und der Gemeinschaft Seines Volkes mit Ihm während der Zeit in der Wüste und bis zur Einnahme des versprochenen Landes Kanaan sein.

❖ Im Brot und im Wasser der Wüste sehen die Kirchenväter eine Vorabbildung der Göttlichen Eucharistie, in der wir eins mit Christus werden und unseren Durst ein für alle Mal löschen.

Johannes der Evangelist schreibt: «Eure Väter haben in der Wüste das Manna gegessen und sind gestorben. So aber ist es mit dem Brot, das vom Himmel herabkommt: Wenn jemand davon isst, wird er nicht sterben.» (*Evangelium nach Johannes* 6, 49-50).

❖ Ebenfalls schreibt er, dass die Einhaltung der Gebote Gottes unsere Antwort auf Seine Liebe ist (*Evangelium nach Johannes* 14, 15).

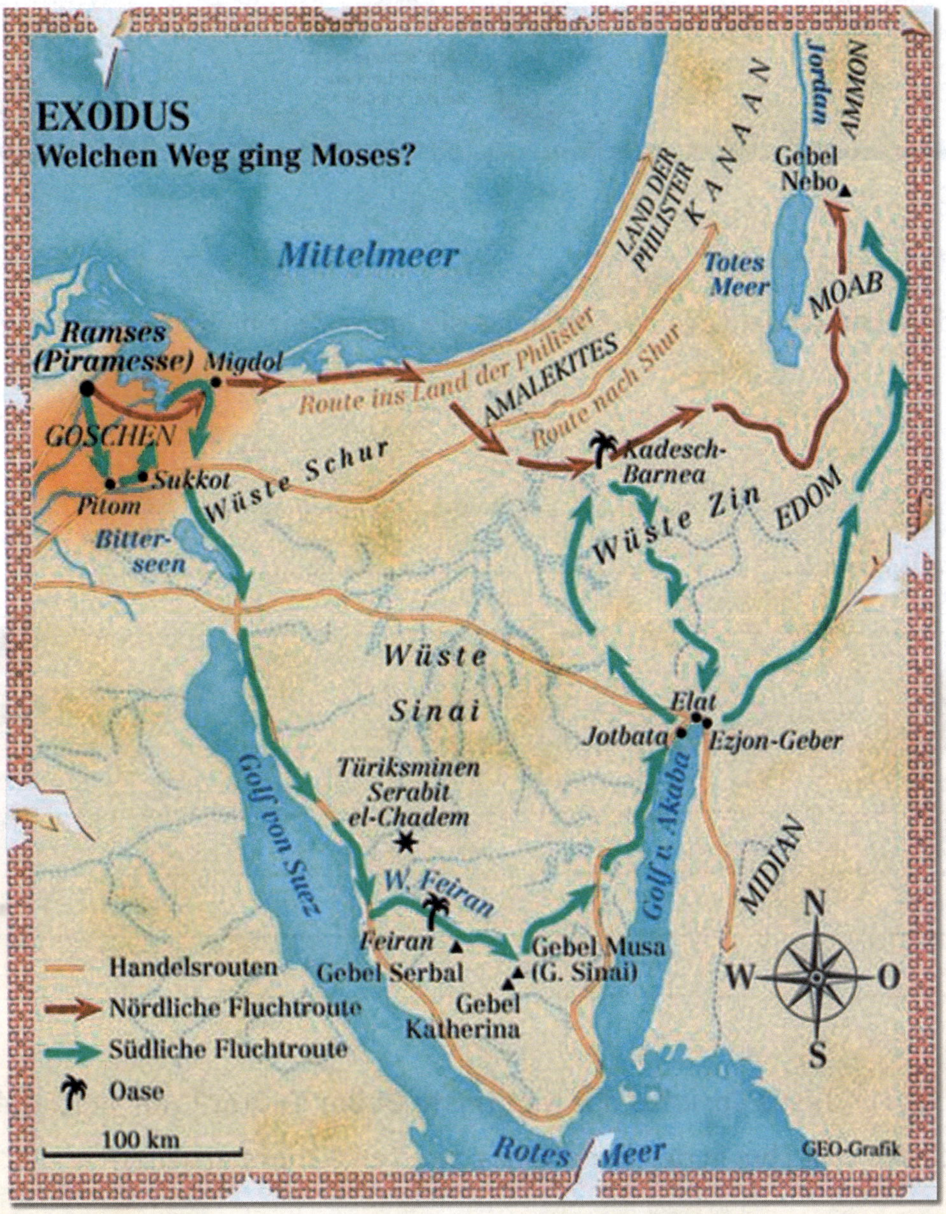
EXODUS
Welchen Weg ging Moses?
Mittelmeer
Ramses (Piramesse)
Migdol
GOSCHEN
Pitom
Sukkot
Bitterseen
Wüste Schur
Route ins Land der Philister
AMALEKITES
Route nach Schur
LAND DER PHILISTER
KANAAN
Jordan
AMMON
Gebel Nebo
Totes Meer
MOAB
Kadesch-Barnea
Wüste Zin
EDOM
Wüste Sinai
Elat
Jotbata
Ezjon-Geber
Türiksminen Serabit el-Chadem
Golf von Suez
W. Feiran
Feiran
Gebel Serbal
Gebel Musa (G. Sinai)
Gebel Katherina
Golf v. Akaba
MIDIAN
N
W
O
S
Handelsrouten
Nördliche Fluchtroute
Südliche Fluchtroute
Oase
100 km
Rotes Meer
GEO-Grafik

1. Was fordern die Israeliten von Aaron, als sie lange Zeit nichts mehr von Moses gehört haben?

2. Was sind für das Alte Testament die „Götzen"?

3. Welches ist für Jesus Christus das wichtigste Gebot Gottes? Auf welche Art und Weise wird dieses vom Ihm in der Form eines zweiten Gebots ergänzt?

4. Was war die „Bundeslade" und welche Bedeutung hatte sie für Israel während der Wüstenzeit?

Erfahren

1. Reflektieren/ konzentriert schreiben

Schreibt auf einer halben Seite eures Heftes eure Gedanken und Gefühle über folgendes Thema: „Moses bereitet sich geistig vor, die Tafeln mit den ‚zehn Worten' Gottes auf dem Berg Sinai entgegenzunehmen".

2. Im Internet recherchieren

Recherchiert mit Hilfe der Lehrperson über die Bedeutung des „Goldenen Kalbs" zu der Zeit, als die Israeliten ihren Auszug aus Ägypten angestrebt haben.

Begreifen

3. W-Fragen beantworten

Thema: „Die Israeliten und das ‚Goldene Kalb' auf dem Sinai". Gehe mit deiner Sitznachbarin/ deinem Sitznachbarn auf folgende Fragen ein: **W**er? **W**as? **W**ann? **W**o? **W**ie? **W**arum? **W**ozu?

Analysieren

4. Mindmap erstellen

Die Lehrperson schreibt auf die Tafel die Wörter „Götzen" und „Zeitgenössische Götzen". Anschließend schreibt jede Schülerin und jeder Schüler zwei oder drei dazupassende Wörter auf die Tafel.

5. Sich in die Lage eines anderen versetzen

Besprecht mit eurer Sitznachbarin/ eurem Sitznachbarn folgendes Thema: „Was könnten die Gefühle und Gedanken von Moses sein, als er von Gott die Gebote entgegennimmt?"

6. Nachdenken/ besprechen/ Meinungen vergleichen

a. Geht nach Bearbeitung von Aufgabenvorschlag 5 auf folgendes Thema ein: „Muss sich ein Christ heute in bestimmten Situationen im kirchlichen Leben auch geistig vorbereiten? Falls ja, aus welchem Grund muss er dies tun?"
b. Besprecht dies anschließend mit eurer Sitznachbarin/ eurem Sitznachbarn.
c. Zuletzt diskutiert das Ganze in der Klasse.

Urteilen

7. Pro-Contra-Diskussion

Thema: „Sind die Gebote für unser Leben notwendig oder grenzen sie unsere Freiheit ein?"

a. Die Schülerinnen und Schüler teilen sich in zwei Gruppen auf.
b. Die erste Gruppe befürwortet mit Argumenten die Notwendigkeit der Gebote im Leben, und die zweite weist diese mit den entsprechenden Argumenten zurück.
c. Anschließend wird das Thema in der Klasse besprochen, und die Lehrperson fasst die Ergebnisse dieser Diskussion zusammen.

8. Bild-Text-Collage

Die Schülerinnen und Schüler erstellen eine Collage mit folgendem Thema: „Die Liebe zu Gott und zum Mitmenschen: Das wichtigste Gebot Gottes".

Ich habe in dieser Lektion entdeckt...

Reflektieren und Schreiben im Lerntagebuch

Lektion 7: ...ohne Wegweiser?

Besonders hat mich beeindruckt...

Über Folgendes denke ich nochmal nach (und frage mich, ob/ warum/ wie)...

Reflektieren und Schreiben im Lerntagebuch
Lektion 7: ...ohne Wegweiser?

Bedeutsam für mein Leben ist...

Von der Wüstenzeit im Sinai zum Königtum

Wegen ihres mangelnden Vertrauens zu Gott haben die Israeliten eine längere Zeit in der Wüste von Sinai verbracht. In dieser Zeit entstanden für ihren Glauben verschiedene Regeln. Diese können wir im Buch „Levitikus" finden und nachlesen.

Weitere Ereignisse während ihres Wüstenaufenthaltes finden wir im Buch „Numeri" („Zahlen").

Kurz vor ihrem Einzug in das Land der Verheißung, in dem laut der entsprechenden biblischen Erzählung Honig und Mich fließen, stirbt Moses. Vorher hatte er sich an seine Landsleute gewendet und sie nochmals an die Regeln des täglichen Lebens von Sinai erinnert, die er auch mit neuen Bestimmungen bereichert hat. Davon wird im Buch „Deuteronomium" (das kommt aus dem Griechischen und bedeutet „Zweites Gesetz") erzählt. Mit diesem Buch schließt auch der Kreis der fünf Gesetzesbücher des Alten Testaments („Genesis", „Exodus", „Numeri", „Levitikus" und „Deuteronomium").

Mit dem Nachfolger von Moses, Josua, erobert Israel das Land Kanaan und verteilt es unter seinen zwölf Stämmen, die aus den Söhnen Jakobs hervorgegangen sind. Die diesbezüglichen Ereignisse finden wir im Buch „Josua".

In dem Land, das ihnen Gott versprochen und auch gewährt hat, wird Israel mit vielen feindlich gesinnten Völkern konfrontiert. Mehrmals verlieren die Israeliten ihren Glauben an Gott und geben sich der Anbetung von Götzen hin. Ihr Vertrauen zu Gott geht verloren und somit kann ihre Beziehung mit Gott keine Früchte tragen. Gott versucht trotzdem, sein Volk zu beschützen, und zwar durch die Richter. Diese versuchen, ihre Landsleute zur Umkehr zu Gott zu verhelfen. Das Buch, in dem dies alles zu lesen ist, trägt den Namen „Richter". Gideon, Debora, Samson und Samuel (die Richter) wurden durch ihre Taten berühmt.

Auf die Richterzeit, die die Zeit der Patriarchen Israels abgelöst hat, folgt die Zeit des Königtums. Samuel, der nicht nur als Richter, sondern auch als Prophet wirkte, wird die ersten beiden Könige salben, Saul und David. Das 1. und das 2. Buch der „Könige" berichten über die Übergangszeit von den Richtern zum Königtum Israels. Den Schwerpunkt dieser Bücher bildet die Erzählung über David, zu dessen Zeit aus Israel ein starkes Reich und Jerusalem zur Hauptstadt dieses Reiches wurde.

Zwischen den Büchern „Richter" und „1. Könige" finden wir ein Buch mit dem Namen „Rut", das die Geschichte der gleichnamigen Frau erzählt. Aus ihrer Nachkommenschaft stammt König David, aus dessen Stamm wieder Jesus geboren wurde.

Über die Zeit des Königtums nach David, also von seinem Sohn Salomon bis zum Untergang des Reiches und zur Gefangenschaft in Babylon, können wir in den Büchern „3. Könige" und „4. Könige" lesen.

Nachdem du dich mit der folgenden Lektion auseinandergesetzt hast, kannst du:

- den geschichtlichen Rahmen, in dem der Prophet Elias gelebt hat, beschreiben
- entdecken, auf welche Art und Weise die Erzählung über den Propheten Elias uns die Barmherzigkeit und die Liebe gegenüber den Fremden lehrt
- beurteilen, inwiefern das Leben des Propheten Elias ein Vorbild für den heutigen Menschen sein kann
- wahrnehmen, dass Gott in Seinem Wirken uns immer wieder überrascht

Lektion 8: Er überrascht uns!

8.1 Engel im Fleische

Nach dem Tod von König Salomon, dem Sohn Davids, teilten sich die Israeliten in zwei Reiche:

- das Nordreich unter der Führung Jerobeams, und
- das Südreich unter der Führung Rehabeams.

Von 875 bis 854 v. Chr. regierte im Nordreich König Ahab, der mit Isebel verheiratet war. Während seiner Herrschaft wurde der Glaube an den Gott des Auszugs aus Ägypten, der Freiheit und der Rettung aus der Sklaverei für den Baal-Kult, den Isebel einführte, aufgegeben.

Baal war eine Gottheit des Wetters und der Fruchtbarkeit und wurde in der Stadt Sidon, die sich in der Gegend des heutigen Libanon befindet, verehrt.

So vermischte sich der Glaube der Israeliten mit Gebräuchen einer anderen Religion. In dieser Situation erscheint eine Person, der Prophet Elias, die dem auserwählten Volk Gottes helfen will, den Weg zum wahren Gott wiederzufinden.

Elias hat im 9. Jahrhundert v. Chr. gelebt und eine wichtige Rolle in der Geschichte des Nordreichs gespielt. Er hat sein ganzes Leben für den Glauben an den einen, einzigen und wahren Gott geopfert. Auch zur Zeit des Neuen Testaments treffen wir Elias an, während der Verklärung des Herrn. Jesus Christus erwähnt sogar mehrmals während Seines öffentlichen Auftretens die Wichtigkeit von Elias.

Der Prophet hat versucht, den Glauben an Jahwe von fremden Elementen und Bräuchen zu befreien. Diese sind durch den Kontakt zu fremden Völkern in das religiöse Leben der Israeliten eingedrungen und haben somit eine Verfälschung verursacht. Dieses Vermischen von Religionen oder religiösen Traditionen wird mit dem Begriff „Synkretismus" bezeichnet.

In der Orthodoxie wird Elias wegen seiner Liebe zu Gott und zum Mitmenschen als „Engel im Fleische" bezeichnet. Diese Bezeichnung wird in seinem kirchlichen Gedicht („Apolytikion") verwendet, das an seinem jährlichen Gedenktag in allen Gotteshäusern gesungen wird.

A

8.2 Vorbild der Barmherzigkeit

Zu Elias' Zeit hatte König Ahab, wie oben erwähnt, den Baal-Kult eingeführt. Das wurde vom Propheten kritisiert, der als Strafe die Himmel für eine längere Zeit verschloss, sodass es nicht mehr regnete.

Natürlich mussten alle unter dieser Situation der Dürre leiden. Der König wurde zornig und der Prophet flüchtete, wie Gott es ihm sagte, nach Osten zu einem Bach, wo er im Gebet verharrte, das Wasser des Baches trank und von einem Raben versorgt wurde (*3. Buch der Könige* 17, 1-7).

Auch wenn Raben sehr gefräßig und gierig sind, ernährten sie dennoch einen Fremden und brachten dem Propheten Gottes täglich Brot und Fleisch.

Wir erkennen hier ein harmonisches Zusammenleben zwischen einem Raubvogel und einem Menschen. Diesen Zustand konnte der Mensch im Paradies erfahren. Nachdem er sich aber von Gott entfernt hatte, verlor er auch das ausgewogene Miteinander mit seinem Mitmenschen und der gesamten Schöpfung. Die vernunftlosen Tiere, bemerkt **Symeon der Neue Theologe**, können im Menschen nicht mehr die Krönung der Schöpfung erkennen und treten ihm gegenüber feindlich auf.

Zurück zum Propheten Elias: Als der Bach vertrocknete, führte Gott Elias in ein Land, in dem aber die Menschen an Götzen glaubten; nach Phönizien. In diesem Land hat sich Jahrhunderte später auch Jesus Christus aufgehalten, der mit Seiner Liebe alle Menschen umarmen wird.

Dort kam der Prophet an die Tür einer armen Witwe. Diese Begegnung war nicht zufällig, sondern ist im Rahmen des göttlichen Willens zu verstehen. Er traf die Frau am Stadttor von Sarepta. Sie las gerade Holz auf, um ihr letztes Essen vorzubereiten. Sie kämpfte, um in dieser Zeit der Trockenheit mit ihrem kleinen Sohn, der ihr Ein und Alles war, überleben zu können.

Obwohl es das letzte Mahl für sie und ihren Sohn war, versorgte sie zuerst den Propheten und dann ihr Kind. Dieser Glauben einer armen und vom Unglück verfolgten Person, dieses Vertrauen auf Gott, weisen auf eine Haltung hin, die eventuell viel höher als die des gastfreundlichen Abraham einzuschätzen ist.

Doch die anonyme Witwe wurde von Gott reichlich für ihre gute Tat belohnt. Ihr Mehl-Topf und ihr Öl-Krug wurden niemals leer bis wieder Regen auf die Erde fiel. So hatten sie und ihr Sohn genug zu essen. Dazu hatte sie noch den Segen erhalten, einen Propheten beherbergen zu können.

Die Kirchenväter loben die Witwe aus Sarepta. Besonders **Johannes Chrysostomos**, der von der Barmherzigkeit ihres Herzens sehr beeindruckt ist. Durch diese Frau, die keine Israelitin war, lehrt uns Gott, wie wir uns gegenüber „fremden" Menschen in Not verhalten müssen. Nichts sollte uns hindern, ihnen mit Liebe und Verständnis entgegenzukommen. Wenn sich so eine für das Volk Israel „fremde" Frau Jahrhunderte vor der Geburt Christi verhalten hat, was sollte heute unsere Einstellung diesbezüglich sein?

Jesus Christus wird viel später sagen: Was wir einem Seiner geringsten Brüder getan haben, das haben wir Ihm getan (*Evangelium nach Matthäus* 25, 40).

Wer also den Bedürftigen beisteht, dient in diesem Sinne Gott selbst. Die Tugend der Barmherzigkeit ist eine himmlische Tugend, die laut unserer Erzählung sogar nicht nur auf unsere Verwandten und Bekannten beschränkt werden soll, sondern alle Menschen betrifft, unabhängig von Religion, Herkunft, Nationalität und sozialer Lage.

8.3 Er ist lebendig!

Während Elias sich bei der barmherzigen Witwe in Sarepta aufhielt, geschah etwas Tragisches: Ihr einziger Sohn erkrankte plötzlich und starb. Verfolgen wir den Ablauf der Geschichte anhand der biblischen Erzählung:

«Da sagte sie zu Elias: „Was willst du von mir, du Mensch Gottes? Bist du gekommen, um Gott an meine Sünden zu erinnern, damit Er mich bestraft?". Elias antwortete ihr: „Gib mir dein Kind". Er nahm es aus ihrem Schoß, trug es in das Obergemach hinauf, wo er wohnte, und legte es auf sein Bett. Dann betete er zum Herrn und sagte: „Herr, mein Gott, wieso hast Du der Witwe, die mich beherbergt, Unheil angetan und ihren Sohn sterben lassen?". Dann hauchte er dreimal das Kind an und betete mit folgenden Worten: „Herr, mein Gott, lass doch die Seele in dieses Kind zurückkehren". Der Herr erhörte das Gebet von Elias, die Seele kehrte in das Kind zurück, und es stand auf. Dann nahm Elias das Kind und brachte es vom Obergemach ins Haus hinab und übergab es seiner Mutter mit folgenden Worten: „Sieh, dein Sohn ist lebendig". Diese antwortete: „Jetzt habe ich wahrgenommen, dass du ein Mensch Gottes bist, und was dein Mund prophezeit, wahrhaftig das Wort des Herrn ist".»
(3. Buch der Könige 17, 18-24).

Elias kann überhaupt nicht verstehen, wieso Gott ausgerechnet den Sohn dieser Frau sterben lässt. Ihr Schmerz ist auch sein Schmerz. Dieses arme, aber gleichzeitig gastfreundliche Haus, sollte nicht leiden!

Bis dahin hatte Israel viele heilige Persönlichkeiten hervorgebracht; viele von ihnen hatten Wunder vollbracht. Aber einen Toten hatte bisher noch keiner auferweckt! Auch Henoch nicht, der von Gott in den Himmel aufgenommen wurde (*Genesis* 5, 24). Das alles wusste Elias. Er nimmt das Kind in seine Arme, haucht es an und betet zu Gott, die Seele des Knaben zurückkehren zu lassen! Dieses „Anhauchen" erinnert uns an den Lebensatem des Herrn (*Genesis* 2, 7), aber auch an den Auferstandenen, der Seine Jünger anhaucht (*Evangelium nach Johannes* 20, 22).

Der kleine Knabe der Witwe steht von den Toten auf! Zum ersten Mal wird im Alten Testament der Tod besiegt! Natürlich nur vorübergehend. Denn ein für alle Mal wird diesen Jesus Christus mit Seiner Auferstehung vernichten!

Hier muss Folgendes bemerkt werden:

- Die Auferstehung*, die der Prophet Elias vollbringt, ist ein Zeichen dafür, dass Gott über den Tod herrscht. Dies wird aber offenkundig mit der Auferstehung Jesu Christi.
- Dass die erste Auferstehung eine Person aus einer nicht israelitischen Familie betrifft, ist von enormer Bedeutung. Hier wird eigentlich die Universalität (d.h. „das alle Menschen Betreffende") der Auferstehung vorhergesagt.

Das Alte Testament kann nur in Verbindung mit der Person Christi erläutert und verstanden werden. Der Herr des Alten Testaments, der die zweite Person des dreieinen Gottes ist, ist derjenige, der sich im Neuen Testament durch Seine Menschwerdung erniedrigt, damit der Mensch Gott werden kann und somit unsterblich!

A

8.4 Außergewöhnliche Begegnung

Wie wir bereits erwähnt haben, hat Elias versucht, seine Landsleute vom Baal-Kult fernzuhalten und wieder den Weg zum wahren Gott einzuschlagen. Zuerst verursachte er eine Dürre im Land und begab sich nach Gottes Aufforderung zum Bach Kerrith.

Nach dreieinhalb Jahren kehrte Elias zurück und setzte sich mit den Propheten des Baal-Kults auseinander, um diesen falschen Glauben zu entlarven. Das löste die Reaktion der Königin Isebel aus, die rasend vor Zorn versuchte, den Propheten zu töten. Aus diesem Grund flüchtete er wieder, diesmal nach Berseba. Nach einer langen Wanderung in der Wüste resignierte der Prophet und bat Gott um den Tod (*3. Buch der Könige 19, 1-4*).

Gott greift in dieser Situation ein. Der Engel des Herrn ermuntert Elias und hilft ihm, zum Berg Horeb zu wandern, wo einst Moses Gott begegnete. Nach vierzig Tagen kam er am gleichen Ort an, der einst auch Moses beherbergt hat. In dieser Felsnische erlebte Elias eine Offenbarung Gottes. Lesen wir gemeinsam den folgenden Text:

«Da sagte der Herr zu ihm: „Was willst du hier Elias?". Elias antwortete: „Mit großem Eifer habe ich dem Herrn, dem Welt-Beherrscher gedient, als die Söhne Israels dich verlassen haben, deine Altäre zerstörten und deine Propheten durch das Schwert getötet haben. Ich bin allein übrig geblieben und nun wollen sie auch mich vernichten". Der Herr sagte: „Komm morgen heraus und stell dich auf dem Berg vor den Herrn". Und siehe der Herr zog vorüber: Ein starker heftiger Sturm zerriss die Berge und brach die Felsen, doch der Herr war nicht im Sturm. Nach dem Sturm kam ein Erdbeben, doch der Herr war nicht im Erdbeben. Nach dem Erdbeben kam ein Feuer, doch der Herr war nicht im Feuer. Nach dem Feuer kam eine sanftes, leichtes Säuseln und das war der Herr.»
(3. Buch der Könige 19, 10-12).

Gott offenbarte sich in einer außergewöhnlichen Art und Weise. Er war nicht versteckt im Sturm, auch nicht im Erdbeben, auch nicht im Feuer, wie einst bei Moses. Er offenbarte sich in einer frischen und leisen Brise, die das Gesicht des ängstlichen Propheten streichelte.

Gott ist also Liebe und zeigt Barmherzigkeit und Verständnis. Er ist nicht die Angst, die den Menschen einschüchtert und unterdrückt, sondern Güte, und dies wurde jetzt selbst Elias klar.

Das Lebensende des Propheten fand wie folgt statt: Elias merkte langsam, dass er diese Welt verlassen würde. Er wollte sich zurückziehen, aber sein Jünger Elisäos wollte ihn nicht verlassen und begleitete ihn nach Jericho. Sie traten an den Fluss Jordan heran.

«Hier nahm Elias seinen Mantel, rollte ihn zusammen und schlug mit ihm auf das Wasser. Dieses teilte sich nach beiden Seiten und sic schritten trockenen Fußes hindurch», **wie einst die Israeliten durch das Rote Meer.** *«Als sie drüben angekommen waren»* **und miteinander redeten,** *«erschien ein feuriger Wagen mit feurigen Pferden und trennte beide voneinander. Elias fuhr im Wirbelsturm zum Himmel empor.* (*4. Buch der Könige* 2, 8-12).

Der Prophet Elias hat sich durch seine Liebe und Treue zu Gott und durch seinen göttlichen Eifer ausgezeichnet. Auch hat er ein sehr asketisches (enthaltsames) Leben geführt.

In der Ikonographie wird er meist wie ein Einsiedler in seiner Höhle als Urbild des Mönchtums abgebildet. Das aber, was die Gnade Gottes in Bezug auf seine Person hervorruft, ist seine tiefe Demut. Dies alles befähigte ihn zum Zeugen der Wahrheit Gottes unter fremden Völkern zu werden.

Der Prophet Elias ist ein Vorbild eines Gläubigen und Gerechten, der sich durch das Gebet Gott nähern und mit Ihm sprechen konnte.

- Die Propheten (850 v. Chr. - 28/32 n. Chr.) waren Personen, durch die Gott den Menschen Seinen Willen mitteilte. Sie prägten mit ihrer Gegenwart das Leben der Israeliten, auf die sie enormen Einfluss ausübten, und wirkten in für das Volk Israel guten und schlechten Zeiten. Während der guten Zeiten beschwerten sie sich über soziale Ungerechtigkeiten, weil sie ahnten, dass diese fatale Folgen haben würden; während der schlechten Zeiten ermutigten sie ihre Landsleute, nicht zu resignieren, da Gott ihnen als liebevoller Vater beistehen würde. Sie brachten ihnen einen Funken Hoffnung, indem sie über den Messias sprachen, den Gott zu ihrer Rettung senden würde.

- Wir begegnen im Alten Testament auch Propheten, wie zum Beispiel Elias, die nichts Schriftliches hinterlassen haben. Über deren Wirken aber können wir in verschiedenen geschichtlichen Büchern ausführliche Erzählungen finden. Außerdem begegnen wir in der Bibel auch Namen von mehreren Frauen, die Prophetinnen waren, wie zum Beispiel Hanna.

- Das wichtigste Merkmal der Propheten ist die Gabe der Prophezeiung. Gott ermöglicht bestimmten Personen, Seine Anwesenheit und Seinen Willen zu offenbaren, meistens in Zeiten des geistigen Verfalls und des Zweifels an Ihm. In diesem Sinne ist die Prophezeiung vielmehr als Offenbarung des göttlichen Willens in der Gegenwart zu verstehen. Die Gabe der Prophezeiung setzte voraus, dass der Prophet mutig und tapfer den Glauben an den einen und wahren Gott bekannte, auch wenn dadurch sein eigenes Leben in Gefahr war.

❖ In mehreren biblischen Ereignissen, wie auch später im Leben der Kirche, finden wir Erzählungen, in denen wilde Tiere dem Menschen dienen. In der Lehre der Kirche ist hier die Rede von einer Beziehung zwischen den Heiligen und den Tieren, die mit ihrer unendlichen Liebe und Reinheit des Herzens auch die wilden Tiere zähmen können. Viele von ihnen haben Gebete für die Gesundheit der Tiere verfasst, die auch im Leben der Kirche benutzt werden. Natürlich wird vor einer Anbetung der Tiere, wie sie heute manchmal zu erkennen ist und die eigentlich in der Einsamkeit des Menschen wurzelt, gewarnt.

❖ **Johannes Chrysostomos** bemerkt, dass Elias vom Sohn Gottes von der Erde hinweggenommen ist. Dies kommt auch durch die hymnographische Tradition zum Ausdruck: *„Elias, den Thesbiter, hast Du auf dem Feuerwagen von der Erde hinweggenommen, o barmherziger Logos. Auf seine Bitten rette uns, die wir gläubig Dich preisen und freudig begehen sein heiliges und ehrwürdiges Gedächtnis."* (Aus der Vesper des jährlichen Gedächtnisses des Propheten).

❖ Bezüglich Elias glaubte man, dass er vor der Endzeit noch als Wegbereiter des Messias wiedergekommen wäre. Dies kündigte später auch der Prophet Malachias an: «Bevor aber der Tag des Herrn kommt, der große und furchtbare Tag, seht, da sende ich zu euch den Propheten Elias» (*Maleachi* 3, 22). Deswegen hielt man Johannes den Täufer und sogar Christus für Elias, der zurückgekommen war (*Evangelium nach Matthäus* 11, 14; 16, 14).

1. Was waren die Propheten? In welcher Zeit haben sie gewirkt und was war ihre Aufgabe?

2. Wieso ist die Gastfreundschaft der Witwe aus Sarepta gegenüber Elias von großer Bedeutung? Wie würdest du diese Frau beschreiben? Begründe deine Antwort.

3. Die erste Auferstehung eines Entschlafenen ist mit einer Person verbunden, die nicht vom Volke Israel abstammt. Kann dieses Ereignis mit der Lehre und dem Wirken Christi verbunden werden? Begründe deine Antwort.

4. Welches Ereignis aus dem Leben des Propheten Elias zeigt uns klar, dass Gott den Menschen in Seinem Wirken immer wieder überrascht?

5. Nach der biblischen Erzählung wurde der Prophet Elias in den Himmel aufgenommen. Kannst du dieses Ereignis mit eigenen Worten wiedergeben? Ist es für uns Christen wichtig? Können wir daraus etwas schlussfolgern?

Erfahren

1. Einen Text bildlich darstellen

Die Schülerinnen und Schüler lesen das kurze Gedicht des Propheten Elias, das den Inhalt seines Festes wiedergibt. Anschließend malen sie ein Bild, das den Inhalt dieses Gedichts widerspiegelt: *„Der Engel im Fleische, das Fundament der Propheten, der zweite Vorläufer der Ankunft Christi, der ruhmreiche Elias hat die Gnade von oben auf Elisäos herabkommen lassen, hat Krankheit vertrieben und Aussätzige rein gemacht; so möge er Heilung zukommen lassen denen, die ihn verehren"*.

2. Nachdenken/ besprechen/ Meinungen vergleichen

Thema „Synkretismus": Vermischen sich Religionen und religiöse Traditionen immer, wenn verschiedene Kulturen zusammentreffen? Schreibt spontan eure Gedanken auf und besprecht diese mit eurer Sitznachbarin/ eurem Sitznachbarn.

3. Pro-Contra-Diskussion

Thema „Synkretismus": Teilt euch in zwei Gruppen auf. Gruppe A meint, dass durch das Zusammenleben mehrerer Kulturen immer Religionen vermischt werden. Gruppe B meint, dass verschiedene Kulturen zusammenleben können, ohne ihre Religionen zu vermischen. Überlegt zuvor, welche verschiedenen Kulturen ihr kennt. Die Lehrperson fasst die Ergebnisse dieser Diskussion zusammen.

Begreifen

4. Bild betrachten/ eine Aussage treffen/ sich fragen

Betrachtet das Bild unten. Versucht, die Dinge aus der Sicht des Propheten Elias zu sehen. Welche Gedanken tauchen in ihm auf? Was fühlt er? Wieso wird auf diesem Bild ein Rabe abgebildet? Was verrät uns dies in Bezug auf die Beziehung zwischen Mensch und Tier?

5. Wandzeitung

Die Schülerinnen und Schüler erstellen eine Wandzeitung, an der anschließend Texte und Bilder mit dem Thema: „Erzählungen über die Beziehung der Heiligen zu Tieren" angebracht werden.

Analysieren

6. Reflektieren/ konzentriert schreiben

Die Lehrperson schreibt folgenden Satz auf die Tafel: „Die Liebe, die uns die Kirche lehrt, umarmt jeden Menschen, unabhängig von Religion, Herkunft, Nationalität oder sozialer Lage". Jede Schülerin und jeder Schüler schreibt auf einem Blatt ihre/ seine Gedanken über diesen Satz auf. Anschließend werden alle Gedanken in der Klasse diskutiert.

7. Schulzeitung

Versucht, die biblische Erzählung über die Auferstehung des Sohnes der Witwe aus Sarepta mit eigenen Worten wiederzugeben. Verfasst einen Text, der in der Schulzeitung veröffentlicht werden soll. Verwendet Wörter und Ausdrücke unserer Zeit.

D

Urteilen

8. Einen biblischen Text aktualisieren

Ihr habt in dieser Lektion viel über den Propheten Elias erfahren. Verfasst einen Text, in dem ihr seine Begegnung mit Gott auf dem Berg Horeb als ein sanftes Säuseln mit eigenen Worten erzählt. Erwähnt ebenfalls, wieso diese Art und Weise, wie sich Gott offenbart, eine besondere Bedeutung für uns heute hat.

Ich habe in dieser Lektion entdeckt...

Reflektieren und Schreiben im Lerntagebuch

Lektion 8: Er überrascht uns!

Besonders hat mich beeindruckt...

Über Folgendes denke ich nochmal nach (und frage mich, ob/ warum/ wie)...

Reflektieren und Schreiben im Lerntagebuch
Lektion 8: Er überrascht uns!

Bedeutsam für mein Leben ist...

Vom Königtum zum Babylonischen Exil

Zusammenfassend haben wir in den vorherigen Lektionen in geschichtlicher Hinsicht Folgendes erfahren: Die Israeliten waren in der Zeit des Alten Testaments ein kleines Volk zwischen zwei großen Mächten, den Ägyptern und den Babyloniern. Nachdem sie sich in Ägypten angesiedelt hatten (um 1600 v. Chr.), gerieten sie in Sklaverei, die mehrere Jahrhunderte andauerte. Gott führte sie dann durch Moses in die Freiheit und daraufhin zur Landnahme Kanaans (um 1200 v. Chr.).

Einige Jahrhunderte später musste das Nordreich, auch „Israel" genannt, die harte Herrschaft Assyriens und anschließend das Südreich, auch „Juda" genannt, die des Babylonischen Reiches erfahren.

Die Erzählungen über beide Reiche können wir in den Büchern „3. Könige" und „4. Könige" lesen. Über ihre Geschichte berichten auch die Bücher „1. Chronik" und „2. Chronik", allerdings mit Hinzufügungen. Aus diesem Grund werden diese Bücher auch als „Nachgetragenes" bezeichnet.

Israel glaubte, dass sein Gott es niemals erlauben würde, dass sein Land von anderen Völkern erobert werden könnte und dass die Stadt Davids und der Tempel von Jerusalem eines Tages zerstört werden könnten. Für die Israeliten war der Zion der Wohnsitz Jahwes, ihres Gottes also, zumal dort auch die Bundeslade aufbewahrt wurde.

Die Propheten dagegen betonten immer wieder, dass die Gottesdienste allein nicht ausreichen würden, um zu gewährleisten, dass die Israeliten das auserwählte Volk Gottes seien. Sie forderten die Liebe zum Mitmenschen und insbesondere gegenüber den Witwen, den Waisen, den Schwachen und den Fremden. Ansonsten würde dem Volk eine Katastrophe drohen. Deswegen waren viele Propheten unbeliebt und wurden wegen ihrer scharfen Kritik sogar getötet.

Was ist letztendlich aus den beiden Reichen Israels geworden? Die Assyrer zerstörten im Jahr 722 v. Chr. das Nordreich. Nach ca. 150 Jahren ist auch das Südreich untergegangen; im Sommer 587 v. Chr. eroberten die Babylonier Jerusalem und zerstörten den Tempel. Tausende wurden nach Mesopotamien exiliert und dort angesiedelt. Lesen wir den folgenden biblischen Ausschnitt:

«(Der Herr) brachte ihnen den König der Chaldäer entgegen und übergab alles in seine Macht. Dieser...hatte kein Mitleid, weder mit den Jüngeren, Jungen und Mädchen, noch mit den Älteren und auch nicht mit den sehr Alten. Er plünderte den Tempel des Herrn...den Palast des Königs und der Oberschicht und brachte alles nach Babylon. Die Chaldäer verbrannten den Tempel des Herrn und zerstörten die Mauern von Jerusalem. Sie setzten in Feuer die Paläste der Stadt und vernichteten alles, was wertvoll war. Diejenigen, die dem Massaker ausweichen konnten, wurden nach Babylon verschleppt, wo sie als Sklaven des Königs und seiner Nachfolge leben mussten, bis das Reich der Perser gegründet wurde.» (*2. Chronik* 36, 17-20).

Die Gegend von Babylon (der heutige Irak) ist eine flache Ebene, die von den Flüssen Tigris und Euphrat durchquert wird. Aus dieser Gegend werden Jahrhunderte später die Sterndeuter aus dem „Evangelium nach Lukas" aufbrechen, um dem neugeborenen König der Juden, also Jesus Christus, zu huldigen.

Nachdem du dich mit der folgenden Lektion auseinandergesetzt hast, kannst du:

- anhand der Erzählung über Daniel die Bedeutung des Fastens für uns heute aufzeigen
- erklären, wieso die Kirche die Erzählung über die drei Freunde Daniels im Feuerofen mit der Grablegung und Auferstehung Christi verbindet
- anhand der Erzählung über Daniel in der Löwengrube wahrnehmen, wieso der Glaube an Gott auch für uns heute von enormer Bedeutung sein kann
- in den prophetischen Texten des Alten Testaments Anzeichen über die Auferstehung der Toten erkennen
- verstehen, wieso der Glaube an das Versprechen Christi über die Auferstehung der Toten den Kern des Evangeliums ausmacht

Lektion 9: Hoffnung...nur mit Gott?

9.1 Gottesfürchtige junge Männer

Die Jahre des Exils vergingen, und die Lebensumstände der gefangenen Juden in Babylon verbesserten sich erheblich. Manche von ihnen haben es geschafft, durch Handel, Landwirtschaft und Häuserbau sehr reich zu werden.

Zur Zeit des Babylonischen Exils (587-538 v. Chr.) haben auch die Propheten Daniel und Ezechiel gewirkt, die zu denen gehörten, die nach Babylon verschleppt wurden. Sie verkündeten ihren Landsleuten den Willen Gottes und unterstützten sie während dieser schwierigen Zeit. Die Erzählungen über beide Personen können wir in den gleichnamigen Büchern lesen.

Der König Nebukadnezar II. beauftragte einst seinen Oberkämmerer (Verwalter des Finanzhaushalts), gesunde und intelligente junge Juden an den Hof zu bringen, die zumindest aus vornehmen Familien stammten. Diese sollten dort in aller Weisheit unterrichtet werden und auch die Schrift und die Sprache der Chaldäer lernen.

Unter diesen ausgewählten jungen Männern befanden sich Daniel und seine drei Freunde. Daniel wollte während seines Aufenthaltes im Palast des Königs die Gebote des jüdischen Gesetzes in Bezug auf die Speisen nicht übertreten und bat den Aufseher, für ihn und seine Freunde nur pflanzliche Nahrung vorzubereiten.

«Versuch es doch einmal zehn Tage lang mit deinen Knechten: Man gebe uns Gemüse zu essen und Wasser zu trinken! Dann vergleiche unser Aussehen mit dem der Knaben, die von den Speisen des Königs essen! Je nachdem, was du dann siehst, verfahr weiter mit deinen Knechten! Der Aufseher nahm ihren Vorschlag an und versuchte es zehn Tage lang mit ihnen. Am Ende der zehn Tage sahen sie besser und wohlgenährter aus als all die Knaben, die von den Speisen des Königs aßen.» (*Daniel* 1, 12-15).

Durch das Fasten wurden die jungen Männer nicht nur gesünder, sondern nach der biblischen Erzählung vermehrten sich auch ihr Wissen und ihr Verständnis in jeder Art von Schrifttum und Weisheit. Daniel konnte sogar Visionen und Träume aller Art verstehen. Der König staunte und ließ alle vier in den königlichen Dienst holen.

Aus unserer Erzählung können wir schlussfolgern, dass die Abstinenz von gewissen Speisen unser geistiges Vorankommen fördert. Das leibliche Fasten bedeutet natürlich nicht Geringschätzung des menschlichen Körpers. Die Kirche respektiert und ehrt den Leib als Tempel des Heiligen Geistes (*Brief an die Römer* 8, 9).

Fasten bedeutet „verzichten". Indem wir unseren Körper und unseren Willen schulen, lernen wir „nein" zu uns und „ja" zu Gott und vor allem zum Mitmenschen zu sagen.

Der **Apostel Paulus** schreibt an die Gemeinde von Korinth: «Jeder Wettkämpfer lebt aber völlig enthaltsam; jene tun dies, um einen vergänglichen, wir aber, um einen unvergänglichen Kranz zu gewinnen.» (*1. Brief an die Korinther* 9, 25).

Die leibliche wie auch die seelische Enthaltsamkeit also sind nur dann sinnvoll, wenn diese in Bezug auf das Reich Gottes gehalten werden. Wir haben heute bestimmt mehr Gründe für das Fasten als damals die drei jungen Männer in Babylon. Wir haben erfahren, dass Gott Mensch geworden ist. Für uns! Dass Er gelitten hat. Für uns! Dass Er gekreuzigt worden ist. Für uns! Dass Er auf dem Kreuz gestorben ist. Für uns! Er hat uns somit ein für alle Mal vom Tod befreit! Unser Fasten, wie unser ganzes Leben, ist ein Lächeln der Dankbarkeit gegenüber Christus!

9.2 Mutiger Glaube

Als König Nebukadnezar II. ein großes goldenes Standbild von sich selbst machen ließ, rief er alle zur Einweihung des Standbildes zusammen. Er befahl allen, sobald sie den Klang der Hörner, der Lauten und der anderen Instrumenten hörten, auf den Boden niederzufallen und das Standbild anzubeten.

Alle taten dies, außer die drei jungen Freunden Daniels. Sie handelten so, weil ihr Herz nur auf die Stimme ihres Gottes hörte.

Der König wurde sofort informiert und ließ die drei jungen Israeliten gleich herbeiholen. Er befahl ihnen, sobald sie den Laut der Instrumente hörten, vor ihm sofort niederzufallen und das Standbild anzubeten. Wenn sie das nicht taten, würde er sie noch in derselben Stunde in den glühenden Feuerofen werfen.

Die drei jungen Juden weigerten sich, und der König wurde sehr wütend. Er ließ den Ofen sieben Mal mehr heizen als üblicherweise und befahl seinen Männern, die drei Freunde zu fesseln und in den glühenden Feuerofen zu werfen. Dies taten sie auch!

Aber das Feuer berührte sie gar nicht! Ein Engel des Herrn war mit ihnen in den Ofen hinabgestiegen und trieb das Feuer hinaus. Ein Wunder war geschehen! Die drei jungen Männer sangen, rühmten und priesen Gott. Lesen wir gemeinsam, wie der König reagierte:

«Da erschrak der König, sprang auf und fragte seine Räte: „Haben wir nicht drei Männer gefesselt ins Feuer geworfen?". Sie antworteten: „Gewiss, König". Er erwiderte: „Ich sehe aber vier Männer frei im Ofen umhergehen. Sie sind unversehrt und der vierte sieht aus wie ein göttliches Wesen".» (*Daniel* 3, 24-25).

Der König konnte nicht ahnen, dass in dieser Stunde der Engel des Herrn in der Nähe der drei Freunde war und diese beschützte. Er befahl, die jungen Männer aus dem Ofen herauszuholen. «Kein Haar auf ihrem Kopf war versengt. Ihre Mäntel waren unversehrt und nicht einmal Brandgeruch haftete an ihnen.» (*Daniel* 3, 94). Der König, der von jedem verlangt hatte, sein Standbild anzubeten, fiel jetzt vor den drei jungen Männern nieder und rief: «Wahrhaftig, es gibt keinen anderen Gott, der auf diese Weise retten kann.» (*Daniel* 3, 30).

Diese Erzählung über die drei Freunde Daniels im Feuerofen wird jedes Jahr während der Feier des Heiligen und Großen oder Hohen Samstags in den Kirchen vorgelesen.

Im Feuerofen sieht die Kirche eine Vorabbildung des Grabes und in der Unversehrtheit der drei Personen die Auferstehung Christi, also das Leben, das auch das Grab nicht aufhalten konnte! Die Flammen des Feuers, an denen sich aber die drei Freunde nicht verbrannt haben, symbolisieren das Licht der Auferstehung: Das Heilige Licht, das jedes Jahr aus dem Allheiligen Grab in Jerusalem entspringt und in den ersten Minuten keine Versengungen hervorruft!

9.3 Wahrer Gott...große Macht!

Daniel wurde unter der Herrschaft von Darius zum höchsten Beamten des Persischen Reiches ernannt. Auch wenn er viele Aufgaben hatte, fand er trotzdem Zeit, morgens, mittags und abends zu beten. «Er kniete dreimal am Tag nieder und richtete sein Gebet und seinen Lobpreis an seinen Gott....» (*Daniel* 6, 11).

Dies hat anscheinend den anderen Beamten nicht gefallen, die deswegen einen Grund suchten, ihn wegen seiner Tätigkeit im königlichen Hof zu beschuldigen. Da sie aber keinen Grund fanden, berichteten sie dem König, dass Daniel dessen Dekret nicht achtete, nur den König als einzigen Gott anzubeten. Wer sich weigerte, dies zu tun, sollte in eine Löwengrube geworfen werden.

Der König, der Daniel eigentlich liebte, befahl diesen herzubringen und sagte zu ihm: «Möge dein Gott, dem du so unablässig dienst, dich erretten.» (*Daniel* 6, 17). Dann warf er ihn zu den Löwen in der Grube und versiegelte die Öffnung der Grube mit einem großen Stein.

Am nächsten Morgen ging der König eilig zur Löwengrube und befahl, Daniel aus der Grube herauszuholen. Alle stellten fest, dass Daniel nicht die geringste Verletzung hatte. Der König bewunderte den Gott Daniels, der Seinen Engel sandte und den Rachen der Löwen verschloss. Dann ließ er jene, die Daniel verklagt hatten, in die Löwengrube werfen. Zuletzt ließ er allen Völkern folgende Nachricht zukommen:

«Friede sei mit euch! Ich befehle euch im Gebiet meines Reiches den Gott Daniels anzubeten. Dies ist der wahre und ewige Gott. Dies ist der Retter und Erlöser!» (*Daniel* 6, 26-28).

Lukas der Evangelist berichtet, dass die Apostel uns auffordern, mehr Gott als den Menschen zu gehorchen (*Apostelgeschichte* 5, 29).

Dieses Verhalten hatte mehrere Jahrhunderte vorher der Prophet in die Tat umgesetzt. Natürlich muss hier erwähnt werden, dass er zu diesem Zeitpunkt ein hoher Regierungsbeamter war. Dies aber hat seine Liebe zu Gott nicht beeinträchtigt.

Daniel stammte aus einer vornehmen Familie (*Daniel* 1, 3-4) und hat sich wegen seiner Treue zum Gesetz Mose ausgezeichnet. Deswegen hat Gott wahrscheinlich die Gabe der Prophetie in ihn hineingelegt. Er war von der Ewigkeit des Reiches Gottes überzeugt und kündigte die Ankunft des Messias und die Auferstehung der Toten an. Er gilt als Vorbild des Glaubens und der Rechtschaffenheit.

Der **Apostel Paulus** schreibt dazu in seinem „Brief an die Hebräer": *«...sie haben auf Grund ihres Glaubens Königreiche besiegt, Gerechtigkeit geübt, Verheißungen erlangt, Löwen den Rachen gestopft...»* **(11, 33).**

9.4 Ein Leben ohne Tod

Gott ließ Sein Volk während des Babylonischen Exils nicht im Stich. Durch die Worte des Propheten Ezechiel, der im 6. Jahrhundert v. Chr. gelebt hat, wird ein neuer Beginn angekündigt.

Laut seiner Erzählung hatte er eine Vision. Der Herr versetzte ihn in ein Tal, das voll von Gebeinen war. Er sah, wie diese Gebeine mit Sehnen überspannt, mit Fleisch umgeben und mit Haut überzogen wurden. Zuletzt, rückten diese zusammen und wurden lebendig. Lesen wir gemeinsam den folgenden biblischen Text:

«Du Menschensohn, sagte der Herr zu mir, diese Gebeine sind das ganze Haus Israel, der andauernd behauptet, dass er wie ausgetrocknete Gebeine ist und dass keine Hoffnung mehr besteht, da er verloren ist. Deshalb tritt als Prophet auf und sag zu ihnen; so spricht Gott, der Herr: Ich öffne deine Gräber und hole dich heraus, mein Volk, und bringe dich zurück in dein Land Israel. Wenn ich dies tue, wirst du erkennen, dass ich dein Herr bin. Ich werde euch meinen Geist einhauchen und ihr werdet wieder lebendig werden. [...] Ich habe dies gesagt und ich, der Herr, werde es ausführen.» (*Ezechiel* 37, 11-14).

Die Vision Ezechiels hat einen symbolischen Charakter. Sie enthält einen tieferen Sinn, den der Prophet herausfinden muss. Gott will ihm eigentlich mitteilen, dass das Volk Gottes sich aus der Sklaverei befreien wird und somit ein neues Leben beginnen kann.

Für uns Christen spielt diese Vision eine besondere Rolle: Diese biblische Stelle wird in der Heiligen und Großen oder Hohen Woche, während der Feier des Großen oder Hohen Freitags, in der Kirche vorgelesen. Es ist eine Voransage, dass Jesus Christus von den Toten auferstehen wird. Auch wird hier die Auferstehung aller Verstorbenen nach der Wiederkunft des Herrn angedeutet. In diesem Sinne enthält diese Vision für alle Christen aller Zeiten eine Botschaft der Hoffnung!

Alle Auferweckungen, die Jesus Christus und Seine Jünger vollbracht haben, sind Vorläufer der gemeinsamen Auferstehung. Aber das Ereignis, das am meisten unsere Zuversicht auf die Auferstehung bestätigt, ist die Auferstehung unseres Herrn Jesu Christi.

Der **Apostel Paulus** schreibt, «Nun aber ist Christus von den Toten auferweckt worden als der Erste der Entschlafenen.» (1. *Brief an die Korinther* 15, 20).

Die ersten Christen setzten ihre Toten mit dem Bewusstsein bei, dass sie auferstehen würden. Deswegen wurde der Tod als „Schlaf" und der Ort der Beisetzung als „Ort des Schlafens" bezeichnet. Die Inschrift auf den Grabsteinen lautete nicht wie heute meist üblich „verstorben", sondern „entschlafen". Der Tag des Entschlafens wurde als Tag der Geburt in einer neuen Welt empfunden, weil Christus die Auferstehung und das Leben schlechthin ist (*Evangelium nach Johannes* 11, 25).

Dieser Glaube an die Auferstehung der Toten macht eigentlich das Wesen der Christenheit aus. Der Apostel Paulus betont charakteristisch, dass, wenn Christus nicht auferstanden ist, unsere Verkündigung und unser Glaube leer und sinnlos seien (*1. Brief an die Korinther* 15, 14).

❖ Das Fasten ist zusätzlich ein „Auf-sich-selbst-verzichten" um des Mitmenschen willen. Fasten bedeutet, dass ich mein Brot mit jemand anderem teile, der dies nötig hat. In diesem Sinn ist das Fasten mehr als eine geistige Vorbereitung, weil es eben auch unsere Liebe zu unserem Mitmenschen zum Ausdruck bringt. Deswegen wird nach der Lehre der Kirchenväter das Fasten auch mit Taten der Nächstenliebe in Verbindung gebracht.

❖ Die Orthodoxie verbindet das Fasten auch mit der Bewahrung der gesamten Schöpfung und betont die Verantwortung, die der Mensch als Abbild Gottes in Bezug auf dieses Thema trägt. 1989 wurde sogar der „Tag der Schöpfung" eingeführt, der jedes Jahr am 1. September begangen wird. Der Ökumenische Patriarch Bartholomäos, der auch „Grüner Patriarch" genannt wird, bemüht sich in den letzten Jahrzehnten die geistige Dimension der ökologischen Probleme aufzuzeigen.

❖ Für die Kirchenväter ist der Engel des Herrn die zweite Person des dreieinen Gottes, also der Sohn Gottes. Im Neuen Testament wird Er wirklicher Mensch werden, aber gleichzeitig auch Gott bleiben: Jesus Christus, der gekreuzigt wird, um von den Toten aufzuerstehen und den Menschen vom Tod zu befreien!

❖ Die Menschen jeder Zeit neigen oft dazu, sich nach verschiedenen Trends auszurichten. Somit entstehen Angewohnheiten, die zur einer bestimmten Lebensart führen. Diese Lebensart aber kann den Menschen von Gott entfernen. Solch ein Beispiel haben wir in dieser Erzählung gesehen, wo das Anbeten eines Standbildes einer Person zu einem Trend wurde. Jeder der sich nach diesem Kult ausrichtete, musste in diesem Fall statt Gott den König anbeten. Damit gab er seinen Glauben an den wahren Gott auf, um einen Menschen zu vergöttlichen. Die drei jungen Männer aber wollten nicht „trendig sein" und wurden dafür belohnt. Gott gibt jedem die Kraft und Seinen Segen, der sich weigert von Nachahmungen solcher Art sein Leben bestimmen zu lassen. Fragen wir uns selbst einmal: Ist alles, was zeitgemäß ist, auch Gott gefällig? Oder führt es uns von Gott weg?

- Am Sonntag der Kreuzverehrung finden wir in der Hymnologie der Kirche einen Lobgesang, in dem die Rettung Daniels in der Löwengrube auf das Kreuzzeichen, das Daniel mit seinen Händen bildete, zurückgeht.

Dies behauptet auch der Kirchenvater **Andreas von Kreta**, der hier eine Vorabbildung des Kreuzes Christi erkennt. Auch wenn das Kreuz zur Zeit des Alten Testaments ein Zeichen der Verfluchung und der Erniedrigung war (*Deuteronomium* 21, 23), erhält dieses durch die Kreuzigung Christi eine ganz andere Bedeutung: Zeichen des Sieges über den Tod, des Segens und der Heiligkeit.

- Der Prophet **Jesaja** hatte auch über die Auferstehung der Toten gesprochen: «Deine Toten werden leben; die Leichen stehen wieder auf; wer in der Erde liegt, wird erwachen und jubeln» **(*Jesaja* 26, 29).**

- **Auch Christus sagt:** «Die Stunde kommt, und sie ist schon da, in der die Toten die Stimme des Sohnes Gottes hören werden; und alle, die sie hören, werden leben. [...] Die Stunde kommt, in der alle, die in den Gräbern sind, seine Stimme hören und herauskommen werden. Die das Gute getan haben, werden zum Leben auferstehen, die das Böse getan haben, zum Gericht.» **(*Evangelium nach Johannes* 5, 25-29).**

1. Was kann das Fasten dem heutigen Menschen bieten? Ist es nur eine Art Abstinenz von bestimmten Nahrungsmitteln oder wird es auch mit unserer Haltung zu den Mitmenschen in Verbindung gebracht? Schaut euch zu diesem Thema anhand des QR-Codes eine kurze Videoaufnahme von Schülerinnen und Schülern des Orthodoxen Religionsunterrichts an, in der ihr weitere Informationen über die Bedeutung des Fastens im Leben eines Gläubigen erhalten könnt.

....

....

....

2. Warum ließ König Nebukadnezar II. ein großes goldenes Standbild von sich selbst anfertigen? Wie findest du dieses Verhalten?

....

....

....

3. Wie konnte sich der Prophet Daniel aus der Löwengrube retten? Was hat diese Rettung bewirkt?

....

....

....

4. In der ganzen Bibel können wir Stellen finden, die über die Auferstehung der Entschlafenen bei der Wiederkunft des Herrn berichten. Was genau lehrt hier die Kirche?

....

....

....

Erfahren

1. Bildunterschrift verfassen

Betrachtet das Bild unten sorgfältig. Welche Personen werden abgebildet? Die Tatsache, dass die drei Personen im unteren Teil des Bildes ihre Hände erheben, deutet auf etwas Bestimmtes hin. Eventuell möchten sie Kontakt mit der Person, die im oberen Teil des Bildes abgebildet ist, aufnehmen. Wenn dies der Fall ist, was glaubt ihr möchten sie dieser Person mitteilen? Was sind ihre Gedanken und ihre Gefühle? Besprecht das Thema in der Klasse und verfasst anschließend eine Bildunterschrift.

Bildunterschrift:

....

....

D

Begreifen

2. Eine biblische Erzählung szenisch darstellen

Die Schülerinnen und Schüler versammeln sich in der Mitte des Klassenraums und versuchen, mit der Hilfe der Lehrperson die Szene nachzuspielen, in der Darius Folgendes spricht: «Friede sei mit euch! Ich befehle euch im Gebiet meines Reiches den Gott Daniels anzubeten. Dies ist der wahre und ewige Gott. Dies ist der Retter und Erlöser!» (*Daniel* 6, 26-28).

Ein Schüler sollte die Person des Darius und die anderen Schülerinnen und Schüler die Beamten seines Hofs darstellen. Während dieser Lernaktivität erzählt jede Person, was sie in ihrer Rolle denkt und fühlt.

3. Reflektieren/ Stellung nehmen

a. Die Lehrperson schreibt folgenden Satz auf die Tafel: „Fasten bedeutet Teilen mit seinen Mitmenschen. Fasten bedeutet Interesse zeigen für seinen Nächsten. Seid ihr auch dieser Meinung?".

b. Danach schreibt sie auf fünf Graupappen folgende Wörter: „NEIN", „WENIGER", „EINIGERMASSEN", „SEHR", „VÖLLIG" und platziert diese nebeneinander in der Mitte des Klassenraums.

c. Anschließend stellt sich jede Schülerin und jeder Schüler hinter eine dieser Graupappen, die eigentlich ihre/ seine Gedanken und Gefühle zum Ausdruck bringt, und begründet in der Klasse, wieso sie/ er diese Meinung vertritt.

4. Ein Thema oder einen Text bildlich darstellen

Die Schülerinnen und Schüler malen ein Bild mit dem Thema: „Die Auferstehung unseres Herrn ist auch ein Versprechen für alle Menschen hinsichtlich ihrer eigenen Auferstehung".

Urteilen

5. Bodenbilder erstellen

a. Die Schülerinnen und Schüler teilen sich mit Hilfe der Lehrperson in Vierer-Gruppen ein.

b. Jede Gruppe verfasst einen Satz, über die ihrer Meinung nach wichtigste Schlussfolgerung dieser Lektion.

c. Anschließend schreibt jede Gruppe ihren Satz auf ein buntes Rechteck (50 cm x 15 cm) aus Pappe.

d. Danach malt jede Gruppe auf einer weißen runden Pappe (Durchmesser 15 cm) ein Bild, das ihren Satz mit Farben zum Ausdruck bringt.

e. Letztlich werden alle Pappen an der Tafel angebracht. Die Schülerinnen und Schüler diskutieren in der Klasse über alles, was geschrieben und gemalt worden ist.

Ich habe in dieser Lektion entdeckt...

Reflektieren und Schreiben im Lerntagebuch
Lektion 9: Hoffnung...nur mit Gott?

Besonders hat mich beeindruckt...

Über Folgendes denke ich nochmal nach (und frage mich, ob/ warum/ wie)...

Reflektieren und Schreiben im Lerntagebuch
Lektion 9: Hoffnung...nur mit Gott?

Bedeutsam für mein Leben ist...

Vom Babylonischen Exil zur Herrschaft Roms

Nach dem Babylonischen Exil kehrten die meisten Juden unter der Herrschaft der Perser in ihr Land zurück. Ein Teil von ihnen aber blieb in Babylon zurück und bildete dort eine jüdische Gemeinde. Sie wurde als Juden der „Diaspora" (das kommt aus dem Griechischen und bedeutet wörtlich „Zerstreuung") bezeichnet.

Auf den Untergang des persischen Reiches folgt die hellenistische Zeit. Diese wird später von der Herrschaft Roms abgelöst; Palästina wird im Jahre 63 v. Chr. von den Römern erobert. In den Büchern „1. Esra", „2. Esra", „Nehemia" und „1. Makkabäer", „2. Makkabäer" und „3. Makkabäer" können wir die Erzählungen darüber lesen.

Zwischen den Büchern „Nehemia" und „1. Makkabäer" finden wir die folgenden Schriften: „Ester", „Judit" und „Tobit". Das erste und das dritte Buch berichten über das Leben der Juden unter der persischen Herrschaft. Das zweite Buch beschreibt Ereignisse aus einem Feldzug mesopotamischer Truppen gegen Palästina.

Gleich nachdem die Juden in Jerusalem ankamen, bauten sie ihren Tempel wieder auf. Dieser sollte die Anwesenheit Gottes symbolisieren und wurde zum Zentrum ihres nationalen Lebens. Synagogen wurden auch weiterhin im ganzen Land gegründet. Das religiöse Leben wurde neu nach dem Gesetz von Moses begründet; Gelehrte waren für die Auslegung der Heiligen Schriften und der Gesetze in den Synagogen zuständig. Somit wollten die Juden ihre Beziehung zu Gott wiederherstellen und ihre Rettung sicherstellen.

In den Synagogen der Diaspora wurden auch Nicht-Juden aufgenommen, die den jüdischen Glauben kennenlernen wollten. Diese wurden „Proselyten" (wahrscheinlich vom Griechischen „hinzugekommen") genannt.

Während der hellenistischen Herrschaft wurde fast jeder Aspekt des jüdischen Lebens vom hellenistischen Geist geprägt. Städte wurden mit griechischen Namen benannt, Theater und Träningsstätten errichtet. Sportliche Wettkämpfe wurden zu einer Beliebtheit. Viele Juden änderten ihre Namen und ersetzten diese durch griechische. Bei den Juden der Diaspora war dieser Einfluss noch größer. Viele hatten sogar ihre Muttersprache vergessen. Deswegen konnten sie auch nicht ihre Schriften, die in den Synagogen gelesen und ausgelegt wurden, verstehen.

So entstand durch gelehrte Juden in Alexandrien die „Septuaginta", die Übersetzung der Heiligen Schriften der Juden in die griechische Umgangssprache.

Trotz dessen, was die Juden in all den Jahrhunderten erfahren haben, hörten sie nie auf, an den Versprechungen ihres Gottes Jahwe festzuhalten. Sie warteten geduldig auf den „Messias", den Nachkommen Davids, der das Reich Gottes auf Erden gründen würde.

Nach dem Babylonischen Exil entstand allmählich der Eindruck, dass dieser Messias ein Held und Befreier ihres Volkes sein wird, der ihre verlorene Würde wiederherstellen sollte. Die Verheißung Gottes an Abraham, dass durch ihn alle Völker der Erde gesegnet werden (Genesis 12, 3), war in Vergessenheit geraten. Manche erwarteten einen irdischen König, der nur für sie kommen würde. Als die Römer ihr Land eroberten, kam diese Erwartung immer stärker zum Ausdruck.

ΙΩΑΝ
ΝΗΣ
ΜΕΤΑΝ
ΟΕΙΤΕ

Ἡ Βάπτισις
ΙΣ ΧΣ

Glossar

Arche des Heils	Mit diesem Begriff ist die Kirche gemeint. Wie einst die Arche Noah alle, die sich in dieser während der Sintflut aufhielten, gerettet hat, so wird auch die Kirche alle, die zu ihrem Leib gehören, retten können, weil sie das Werk Christi auf Erden unter der Führung des Heiligen Geistes weiterführt.
Auferstehung	Der Mensch besteht aus Leib und Seele, die sich mit dem Tod trennen. Auferstehung bedeutet dann, dass Leib und Seele wieder eins werden. Der auferstandene Leib ist natürlich nicht identisch mit dem irdischen, weil dieser nicht mehr von Zeit und Raum begrenzt ist. Im Neuen Testament erfahren wir, dass die Auferstehung der Toten am Ende der Zeit zu erwarten ist. Die Wahrhaftigkeit der Auferstehung deutet darauf hin, dass der Tod nicht das Ende der menschlichen Existenz ist. Dies hat der Mensch nur Gott zu verdanken.
Dreieiner Gott	Für die Kirche ist Gott ein Wesen, das aber in drei Personen zu erkennen ist: Gott Vater, Gott Sohn und Gott Heiliger Geist. Diese Offenbarungswahrheit hat die Kirche immer wieder in ihrem Leben erfahren. Zum Beispiel: Am Tag der Taufe Christi bezeugten der Vater und der Heilige Geist, dass Jesus Gottes einziggeborener Sohn ist.
Entäußerung (Gottes)	Dieser Begriff wird für die zweite Person Gottes, also den Sohn, verwendet. Dieser erniedrigte sich selbst, als Er Mensch für unser Heil wurde. In diesem Sinne spricht man von der Entäußerung Christi (biblisch „Kenosis") bei Seiner Menschwerdung. Während Seines irdischen Lebens blieb Er natürlich auch weiterhin Gott. In Bezug auf Seine Beziehung zum himmlischen Vater, unterwarf Er sich aber völlig dessen Willen. Somit wurde Er zum Vorbild der Demut: Der Herrscher der Welt wird Mensch und stirbt anschließend für sein Geschöpf.
Eucharistie (Göttliche)	Eucharistie bedeutet wörtlich „Danksagung". Dieser Begriff wird in der Tradition der Kirche für die Feier der „Göttlichen Liturgie" verwendet. In diesem Sinne wird die Feier der Göttlichen Liturgie seitens der Gemeinde als Danksagung für die Heilstaten Gottes verstanden, indem Priester und Volk die Gaben Brot und Wein darbringen.

Gnade (Gottes)	In der orthodoxen Tradition wird jede Handlung Gottes im Rahmen seines Heilplans für den Menschen als Gnade wahrgenommen. Durch unsere Teilnahme am Leben der Gemeinde können wir an der Gnade Gottes teilhaben. Vor allem wird diese uns durch die „Mysterien" (wörtlich „Geheimnisse" - der Begriff „Sakramente", der öfters verwendet wird, ist nicht treffend) vermittelt. Durch unsere Teilnahme an diesen Handlungen oder Heilsmitteln sind wir in der Lage, uns der Gnade Gottes zu nähern, sie zu empfangen und zu bewahren.
Heil (des Menschen)	Die Kirche spricht immer wieder vom „Heil" oder von der „Rettung" des Menschen durch Jesus Christus. Das biblische Wort lautet „Sotiria" und leitet sich vom Verb „Sozo" ab, was im Sinne von „unversehrt bleiben" zu verstehen ist. Christus also hilft uns, diesen Zustand der Unversehrtheit in Bezug auf unsere Bestimmung zu verwirklichen; vollkommen zu werden, wie unser Schöpfer, also Gott, vollkommen ist, und dadurch Anteil an Seiner Herrlichkeit zu haben.
Konfessionen (Christenheit)	Das Wort stammt aus dem Lateinischen und bedeutet unter anderem auch „Bekenntnis". Es wird verwendet, um auf die drei wichtigsten Glaubensgruppen innerhalb der Christenheit hinzuweisen, die sich im Laufe der Zeit nach der Trennung von 1054 (Spaltung der einen Kirche zwischen dem Osten und dem Westen) gebildet haben: 1. Orthodoxie, 2. Römisch-katholische Christenheit, 3. Evangelische Christenheit. Der Begriff „Konfessionen" als Bezeichnung für verschiedene christliche Glaubensgemeinschaften ist erst in der Neuzeit entstanden. Die Orthodoxe Kirche wird vom Selbstbewusstsein getragen, das Glaubenserbe der einen, ungeteilten Kirche unversehrt bewahrt zu haben.
Konzil (Ökumenisches)	Das Wort stammt aus dem Lateinischen und bedeutet „Zusammenkunft". Man kann auch den Begriff „Synode" verwenden, der die gleiche Bedeutung hat. Es handelt sich hier um die Versammlung aller Ortskirchen an einem bestimmten Ort, um Angelegenheiten zu besprechen, die die gesamte Kirche betreffen, und unter der Führung des Heiligen Geistes Lösungen zu geben, durch Formulierungen in Bezug auf den Glauben oder durch kirchenrechtliche Regeln, die für alle verbindlich sind. In diesem Sinne ist ein Ökumenisches Konzil oder eine Ökumenische Synode als Ausdruck der Einheit der Gesamtkirche zu verstehen. Die Orthodoxe Kirche erkennt sieben solche Synoden als „ökumenisch" an, die den ersten sieben Konzil(i)en der ungeteilten Christenheit entsprechen und die zwischen den Jahren 325 und 787 stattgefunden haben.

ΑΓΑΠΗ!
2020

Mensch (Ganzer)	Der Begriff „Ganzer Mensch" bezieht sich auf den Menschen, der aus zwei Elementen besteht: Leib (also Körper) und Seele (in der Bibel wird statt „Seele" auch das Wort „Geist" benutzt). Dieser weist darauf hin, dass, wenn vom Menschen gesprochen wird, diese konkrete Einheit von Leib und Seele gemeint ist. Der Leib ist im Gegensatz zur Seele, die unsichtbar ist, wahrnehmbar.
Ökonomie (Göttliche)	Entstammt dem griechischen Begriff „Oikonomia", was „Haushaltsverwaltung" bedeutet. Öfters verwendet man auch den Begriff „Heilsplan Gottes". Gott hat also als „Verwalter" Seiner Schöpfung in Bezug auf das Heil der Menschen einen Plan, der auf konkrete Art und Weise den Menschen zu seiner Vollkommenheit führen soll. In diesem Sinne meinen wir, wenn wir vom Heil sprechen, die Vollkommenheit.
Reich (Gottes)	Der biblische Ausdruck ist mit dem Begriff „Königtum Gottes" zu übersetzen. Ebenfalls wird in Bezug auf die Herrschaft Gottes auch der Begriff „Himmelreich" benutzt. Von der Herrschaft Gottes spricht nicht nur Jesus, sondern auch das Volk Israel des Alten Bundes. Im Wirken Christi kann man erkennen, dass dieses Reich bereits angebrochen ist und dass jeder Mensch, der sich für die anderen opfert, diese Wirklichkeit schon auf Erden erfahren kann. Die volle Offenbarung dieses Reiches ist etwas, das noch auf uns zukommen wird.
Vergöttlichung	Für den orthodoxen Glauben ist das Ziel des Menschen, an Gott vollkommen teilzuhaben, der Gnade nach (so Maximus der Bekenner). Das Bedeutet, dass der Mensch nicht seine menschliche Natur verlieren wird, sondern, in einer völligen Gemeinschaft mit Gott leben wird (so Diadochus von Photike). Dieses Verlangen ist ihm angeboren und das Erreichen dieses Ziels ist als Vollkommenheit seiner Existenz und Vollendung des wahren Menschseins zu verstehen. In diesem Sinne spricht man von „Vergöttlichung" (griechisch „Theosis") des Menschen.

Quellenangaben

Literatur

In Bezug auf die theologischen Inhalte:

1. Albertz R.: Religionsgeschichte Israels in alttestamentlicher Zeit, 2 Bände, Göttingen 1996.
2. Despotis S./ Pavlou N./ Stogiannidis A.: Themata apo tin Agia Grafi. A' Ekklisiastikou Gymnasiou [dt: Themen aus der Heiligen Schrift. Schulbuch für die 1. Klasse des Kirchlichen Gymnasiums], Nefeli, Revidierte Auflage, Athen 2021.
3. Emilianos, Abt vom Kloster Simonos Petras: Ein Athos-Abt spricht über das Gebet, (Video-Kassette) SWF 1992.
4. Florovski G.: Bible, Church, Tradition, An Eastern Orthodox View, Belmont 1972.
5. Galitis G./ Mantzaridis G./ Wiertz P.: Glauben aus dem Herzen. Eine Einführung in die Orthodoxie, München 1987.
6. Larentzakis G.: Die Orthodoxe Kirche. Ihr Leben, ihr Glaube, Graz/ Wien/ Köln 2000.

Alle Texte der zitierten Kirchenväter (außer die von Symeon dem Neuen Theologen und die von Neophyt aus Zypern) stammen aus: „Patrologiae Cursus Completus, Series Graeca", „Patrologiae Cursus Completus, Series Latina" (freie Übersetzung bzw. Wiedergabe aus dem Griechischen und dem Lateinischen) und „Bibliothek der Kirchenväter".

In Bezug auf die religionspädagogischen Aspekte:

7. Harvard Graduate School of Education: Project Zero's Thinking Routine Toolbox, http://www.pz.harvard.edu/thinking-routines#CoreThinkingRoutines (Zugriff am: 14.09.2021).
8. Kalantzis M./ Cope B.: New Learning. Elements of a Science of Education, Cambridge University Press, Cambridge ²2012.
9. Schambeck M./ Simojoki H./ Stogiannidis A. (Hrsg.): Auf dem Weg zu einer ökumenischen Religionsdidaktik: Grundlegungen im europäischen Kontext, Herder, Freiburg im Br./ Basel/ Wien 2019.
10. Stogiannidis A.: Orthodoxe Religionspädagogik als eigenständige wissenschaftliche Disziplin: Auf der Spuren ihrer wissenschaftstheoretischen geschichtlichen Anfänge, In: Zeitschrift für Pädagogik und Theologie, Vol. 71 (4)/ 2019, S. 401-414.
11. Wiemer A./ Edelbrock A./ Käss I.: Basiskartei Religionsdidaktik, Vandenhoeck und Ruprecht, Göttingen 2011.
12. WORKS & DAYS -KALANTZIS AND COPE-. https://newlearningonline.com/ (Zugriff am: 14.09.2021).

Bilder

Für die Bilder von Erzpriester Stamatis Skliris (http://holyicon.org/) und Georgios Kordis (https://kordis.gr/) wurde von der Religionspädagogischen Kommission der Griechisch-orientalischen Kirche in Österreich jeweils die entsprechende Erlaubnis eingeholt.

Bild Umschlag: „Christus segnet die Schülerinnen und Schüler". Die Ikone von Chrysoula Samothraki (auf Leinwand 2021) wurde nur für die Herausgabe dieses Schulbuches gemalt.

Bilder zum Inhaltsverzeichnis und zum Titelblatt jeder Lektion: Bild Lektion 1: „Stillleben mit Bibel"/ Vincent van Gogh/ https://commons.wikimedia.org/w/index.php?curid=9371252; Bild Lektion 2: Adam und Eva - Erschaffung der Menschheit/ Erzpriester Stamatis Skliris; Bild Lektion 3: „Arche des Heils"/ Radmila Vasiljevic; Bild Lektion 4: Engel des Herrn/ Erzpriester Stamatis Skliris; Bild Lektion 5: „Verzeihung"/ Erzpriester Stamatis Skliris; Bild Lektion 6: „Gewässer Melodie"/ Erzpriester Stamatis Skliris; Bild Lektion 7: Büste antiker Statue/ Erzpriester Stamatis Skliris; Bild Lektion 8: Der Prophet Elias/ Erzpriester Stamatis Skliris; Bild Lektion 9: Die Auferstehung/ Erzpriester Stamatis Skliris

Bild Band 1 - „Wer ist Gott": Erschaffung der Menschheit / Erzpriester Stamatis Skliris

Bilder Lektion 1: A: 1.1: Der Gerechte Melchisedek, der als Vorabbildung Christi verstanden wird, „König des Friedens", bringt Abraham Brot und Wein; /https://commons.wikimedia.org/wiki/File:Abraham_meets_Melchisedech_(San_Marco).jpg#/media/File:Abraham_meets_Melchisedeck_(San_Marco).jpg; Aus dem Buch „Rut", einer „Fremden", die allerdings zu den Stammmüttern Christi gehört/ https://orthodoxoiorizontes.gr/Image/Palaia_Diathikh/Routh/Routh_kai_Booz_01.jpg; Ijob in der Verzweiflung/ Marc Chagall/ https://www.wikiart.org/en/marc-chagall/job-praying-1960; Aus dem Buch „Ezechiel" - Vision der Auferstehung/ http://1.bp.blogspot.com/-4YIgsF-gbQA/VMinTd-hwwI/AAAAAAAAxjc/5_0yzEhi8mM/s1600/_128.jpg; 1.2: Auszug aus den Qumranschriftrollen/ https://commons.wikimedia.org/wiki/File:Temple_Scroll.png; Aus der „Septuaginta": „Singt und spielt, erzählt all Seine Wunder, die der Herr vollbracht hat."/ https://1.bp.blogspot.com/_qpE5hNwi618/S_0sZqbPuaI/AAAAAAAAHCQ/_FBBMA6Lg34/s1600/septuagint1Chron16--23(Gk%26Hb).jpg; Die Versuchung Josefs/ https://commons.wikimedia.org/w/index.php?curid=322007; 1.3: Moses mit dem Gesetz Gottes/ https://www.wikiart.org/en/marc-chagall/moses-with-the-tablets-of-the-law-1961; Der Heilige Basilius von Selevkia/ https://timiosprodromos.com/2019/02/09/%CE%BB%CF%8C%CE%B3%CE%BF%CF%82-%CE%B5%E1%BC%B0%CF%82-%CF%84%CE%AE%CE%BD-%CF%87%CE%B1%CE%BD%CE%B1%CE%BD%CE%B1%CE%AF%CE%B1-%E1%BC%83%CE%B3%CE%B9%CE%BF%CF%82-%CE%B2%CE%B1%CF%83%CE%AF%CE%BB%CE%B5%CE%B9/; Der Heilige Maximus der Bekenner/ Erzpriester Stamatis Skliris; Der Schöpfer der Welt/ http://www.agioskosmas.gr/themata.asp?isue=76&artid=4916 1.4: Die Heilige Kassiani die Hymnographin/ Georgios Kordis; Der Heilige Johannes von Damaskus/ https://www.episcopalcafe.com/wp-content/uploads/2014/12/IconJonArab.jpg; Priester Georgi Florovski/ https://www.orthodoxianewsagency.gr/wp-content/uploads/2019/08/16-1-768x886.jpg; Christus „Emmanuel" (bedeutet „Gott ist mit uns")/ Erzpriester Stamatis Skliris; B: Kirchenväter/ https://en.wikipedia.org/wiki/Church_Fathers#/media/File:Otsy.jpg; Der Apostel Paulus/ Erzpriester Stamatis Skliris; „Inspiration"/ Erzpriester Stamatis Skliris; D: 1: Der Heilige Justin der Märtyrer/ Erzpriester Stamatis Skliris; 4: Der Apostel Lukas/ Erzpriester Stamatis Skliris; 5: Liturgische Gegenstände: „Epitaphios" und „Evangeliar"/ https://4.bp.blogspot.com/-K72bgTHtgq4/TbGAS-IOrdI/AAAAAAAAA9Q/BKeQfOpTXdk/s1600/DSC05271.JPG; 7: Der betende Heilige Neophyt von Zypern / Georgios Kordis

Bilder Lektion 2: A: 2.1: Die Welt nach biblischem Verständnis/ https://cdn.thinglink.me/api/image/1084184790040576003/1024/10/scaletowidth; 2.2: Die Erschaffung von Eva/ Verlag Saitis; Der „Fall des Menschen"/ Verlag Saitis; 2.3: Die Erzählung vom „Fall des Menschen" / Verlag Saitis; Heiliger Irenäus von Lyon/ https://de.wikipedia.org/wiki/Iren%C3%A4us_von_Lyon#/media/Datei:Saint_Irenaeus.jpg; Das Mysterium der Taufe/ http://orthpedia.de/index.php/taufe; 2.4: Der Schöpfer der Erde / Verlag Saitis; Heiliger Gregor der Theologe / Erzpriester Stamatis Skliris; B: Die Schöpfung der Tiere / Verlag Saitis; Der Baum des Lebens/ Erzriester Stamatis Skliris; D: 1: Erschaffung des Menschen / Verlag Saitis; Erschaffung Adams/ Michelangelo/ https://onepeterfive.com/new-documentary-vatican-museums-highlights-beauty-catholicism/; 3: Verbannung aus dem Paradies / George Kordis; 4: Vertreibung aus dem Paradies/ https://www.wikiart.org/en/marc-chagall/adam-and-eve-expelled-from-paradise-1961-5; 5: Auferstehung/ https://upload.wikimedia.org/wikipedia/commons/e/e0/Anastasis_fresco%2C_Chora_Church%2C_Istanbul.jpg?uselang=el; 6: Der Schöpfer des Weltalls / Erzpriester Stamatis Skliris

Bilder Lektion 3: A: 3.1: Kain und Abel auf dem Feld/ Verlag Saitis; 3.2: Noahs Taube/ Verlag Saitis; Der Heilige Neophyt von Zypern/ https://www.askitikon.eu/wp-content/uploads/2016/07/1468443344_0.jpg; Noah und der Regenbogen Gottes/ Verlag Saitis; 3.3: Der Heilige Basilius der Große/ Erzpriester Stamatis Skliris; Der Bau des Turms zu Babel/ Verlag Saitis; „Sprachverwirrung"/ Erzpriester Stamatis Skliris; „Entfremdung"/ Erzpriester Stamatis Skliris; 3.4: „Ausgießung des Heiligen Geistes"/ Erzpriester Stamatis Skliris; „Einheit im Leib Christi"/ Erzpriester Stamatis Skliris; B: „Wir bringen Dir das Deine vom Deinigen dar, überall und für alles."/ Erzpriester Stamatis Skliris; „Geht hinaus in die ganze Welt..."/ Erzpriester Stamatis Skliris;

D: 1:Noahs Taube/ https://image.jimcdn.com/app/cms/image/transf/none/path/s54f06f62647547f1/image/i96cc8e5cdb336f9b/version/1383144709/image.jpg; 3: König David spielt auf seiner Harfe/ Marc Chagall/ https://www.wikiart.org/en/marc-chagall/david-with-his-harp-1956; 5: Kains und Abels Opferdarbringung/ Verlag Saitis; 6: Briefmarke „Tumbau zu Babel"/https:// www.flickr.com/photos/stamps-selos-franco-timbre-bollos/21272141048; 7: „Eintracht oder Zwietracht?"/ Erzpriester Stamatis Skliris; 9: „Ich singe dem Herrn solange ich lebe"/ https://cityportal.gr/wp-content/uploads/2019/12/vizantini.jpg

Bilder Lektion 4: A: 4.1: „Aus dem Leben Abrahams"/ https://i2.wp.com/iconos.verboencarnado.net/wp-content/uploads/2015/01/2009-Abramo-e-Sara.jpg?w=640&ssl=1; Der Patriarch Abraham/ https://upload.wikimedia.org/wikipedia/commons/f/ff/The_Patriarch_Abraham.png; 4.2: Hagar und Ismael/ https://res.clou dinary.com/bibilium/images/f_auto,q_auto/v1611559591/Ishmael-in-the-Bible__103364e509/Ishmael-in-the-Bible_103364e509.jpg?_i=AA; 4.3: Stationen Abrahams/ http://www.bibelwissenschaft.de/stichwort/12288/; Abraham empfängt die drei Männer/ https://oodegr.com/oode/theos/eikones/H_upodoxh_tou_Abraam_02.jpg; Der dreieine Gott/ https://www.pinterest.com/pin/336925615850688523; 4.4: „Abraham auf dem Weg des Vertrauens"/ https://docplayer.org/184843299-Abraham-auf-dem-weg-vertrauens.html; Der Heilige Johannes Chrysostomos/ Erzpriester Stamatis Skliris; Jesus Christus "Der Sieger über den Tod"/ Erzpriester Stamatis Skliris; B:Abrahams Opfer/ https://www.orp.gr/wordpress/wp-content/uploads/2019/05/%CE%97-%CE%B8%CF%85%CF%83%CE%AF%CE%B1-%CF%84%CE%BF%CF%85-%CE%99%CF%83%CE%B1%CE%AC%CE%BA-%CE%B1%CF%80%CF%8C-%CF%84%CE%BF%CE%BD-%CE%91%CE%B2%CF%81%CE%B1%CE%AC%CE%BC-2-768x668.jpg; „Philoxenie"/http://archiv.dreikoenigsgemeinde.de/glaube/ silkeAlvesChriste_predigt_007.php; D: 1: Flüchtlinge in Österreich/ https://www.tagesspiegel.de/politik/fluechtlinge-tausende-neue-fluechtlinge-kommen-in-oesterreich-an/12316414.html; 4: Abraham im Paradies/ https://commons.wikimedia.org/w/index.php?curid=99004719; 6: „Arche des Heils"/ Erzpriester Stamatis Skliris; 8: „Misstrauen von Petrus"/ https://www.romfea.gr/pneumatika/38805-i-oligopistia-tou-petrou

Bilder Lektion 5: A: 5.1: Der Patriarch Isaak/ http://inzp.gr/mnimeio-kai-istoria/fwtis-kontoglou/deigmata-apo-ton-eswteriko-diakosmo-tou-naou/#iLightbox[eswterikosdiakosmos]/8; Die Patriarchen Abraham, Isaak und Jakob/ https://orthochristian.com/43906.html; 5.2: Jakob durschreitet mit seiner Familie die Furt des Jabbok/ https://commons.wikimedia.org/w/index.php?curid=230928; „Unser Ringen mit Gott"/ https://anschnallenoderloslassen.blogspot.com/2015/07/furbitten-77-unser-ringen-mit-gott.html; Abt Emilianos/ https://commons.wikimedia.org/w/index.php?curid=24180178; 5.3: Josef als Traumdeuter/ https://iconandlight.files.wordpress.com/2016/04/ceb9cf89cf83ceb7cf86-cf8c-cf80ceacceb3cebaceb1cebbcebfcf82_joseph-the-all-comely_-d0b8d0bed181d0b8d184-d0bfd180d0b5d0bad180d0b0d181d0bdd18b-e1586539596576.jpg; Josef und seine Brüder/ https://www.meisterdrucke.de/kunstdrucke/English-School/94731/Joseph-und-seine-Br%C3%BCder.html; 5.4: Der Gerechte Josef/ http://www.orp.gr/wordpress/wpcontent/uploads/2014/04/%CE%A0%CE%AC%CE%B3%CE%BA%CE%B1%CE%BB%CE%BF%CF%82%CE%99%CF%89%CF%83%CE%AE%CF%86.jpg; Christus, „Die Liebe"/ Erzpriester Stamatis Skliris; B: Der Heilige Mönch Johannes Klimakos/ http://russischekirchebern.ch/cms/wp-content/uploads/2015/03/15.jpg;Tauben/ Erzpriester Stamatis Skliris; Die Heiligen Nikolaj von Ohrid, Savvas von Serbien und Justin Popovic/ Erzpriester Stamatis Skliris; D: 1: Jakob erhält den Erstgeburtssegen/ https://commons.wikimedia.org/w/index.php?curid=9565142; 3: Der Kampf Jakobs mit Gott/ https://www.artbychimevi.com/listing/655359724/reserved-listing-custom-icon-painting; 4: Josef wird nach Ägypten verkauft/ poimin.gr/ena-taxidi-mesa-stin-agia-ke-megali-evdomada-agia-ke-megali-deftera/; 5: „Verzeihung"/ Erzpriester Stamatis Skliris

Schlüsselwissen: Erschaffung der Menschheit/ Verlag Saitis; „Folgen des Falls"/ Verlag Saitis

Bilder Lektion 6: A: 6.1: Der Prophet Moses/ https://doxologia.ro/sites/default/files/styles/media-articol-colorbox/public/articol/2017/08/sfantul_prooroc_moise_foto_bogdan_zamfirescu.

jpg?itok=IMOgPPhC; Moses auf dem Berg Horeb/https://2.bp.blogspot.com/-E8ngrA-3RQs/VLAHxlml-rKI/AAAAAAAAFZ0/8Hi9MVxGnLw/s1600/4339468099_e2fde092d3.jpg; 6.2: Kuppel einer serbischen Kirche/ https://www.pinterest.com/pin/621426448555798843/; Die zehn Plagen/https://www.greelane.com/geisteswissenschaften/geschichte--kultur/plagues-of-egypt-ancient-jewish-history-118238/; 6.3: Israel durchschreitet das Rote Meer/ https://i0.wp.com/osvnews.com/wp-content/uploads/2020/01/Screen-Shot-2019-12-19-at-10.39.53-AM.jpg?w=1015&ssl=1; Kreuz aus Ähren/ Erzpriester Stamatis Skliris; 6.4: Grußkarte zum Pessach-Fest/ https://gr.pinterest.com/pin/1125968646043247/?d=t&mt=signupOrPersonalizedLogin; „Alles ist mit Licht erfüllt" - Osternacht/ Erzpriester Stamatis Skliris; Christus - „Paschalamm"/ https://new.paratiritis-news.gr/wp-content/uploads/2021/01/sidhras11586538874.jpg; B: Brennender Dornbusch - Kloster der Heiligen Ekaterini Sinai/ https://blog.biblische-reisen.de/br-content/uploads/2015/04/der-brennende-Dornbusch-613x460.jpg; Der Heilige Augustinus von Hippo/ http://www.cassiciaco.it/navigazione/iconografia/tematiche/vescovo/01_vescovo.html; Johannes der Evangelist/ Erzpriester Stamatis Skliris;Julianischer Kalender/ http://www.nesemann.eu/isidor/0536/0536h.html; Gregorianischer Kalender - Briefmarke/ https://de.wikipedia.org/wiki/Briefmarken-Jahrgang_1982_der_Deutschen_Bundespost; D: 1: „Aus dem Nil gerettet"/ https://www.wikiart.org/en/marc-chagall/moses-is-saved-from-the-water-by-pharaoh-s-daughter; 3; „Begegnung mit Gott"/ https://www.erzbistum-muenchen.de/cms-media/media-10115101.jpg; 4: Seder-Teller/ https://www.pinterest.com/pin/157977899399032066/; 5: Moses und der brennende Dornbusch/ https://orthodoxoiorizontes.gr/Image/Palaia_Diathikh/Mwushs/O_Mwushs_kai_h_flegomenh_batos_01.jpg; 8: Gewölbe des Alters der Kirche zum Heiligen Vitalis/ https://www.ravennamosaici.it/en/the-mystic-lamb-in-the-mosaics-of-san-vitale/

Bilder Lektion 7: A: 7.1: „Gott versorgt Sein Volk in der Wüste von Sinai"/ https://1.bp.blogspot.com/-yg4RPtT3WHU/Vem44nrnGeI/AAAAAAAAxTw/tHea qiq2b7c/s1600/moses5.jpg; Kirche zur Weisheit Gottes/ Erzpriester Stamatis Skliris; 7.2: Moses und Gottes Gebote/ Georgios Kordis; Der Tanz um das „Goldene Kalb"/ https://commons.wikimedia.org/wiki/File:Hortus_Deliciarum,_Der_Tanz_um_das_goldene_Kalb.JPG#/media/File:Hortus_Deliciarum,_Der_Tanz_um_das_goldene_Kalb.JPG; Jesus Christus/ Erzpriester Stamatis Skliris; Der Heilige Theodor Studites/ https://de.wikipedia.org/wiki/Datei:Studite.jpg; 7.3: „Einschränkung der Freiheit"/ Erzpriester Stamatis Skliris; 7.4: Das Gleichnis vom „Barmherzigen Samariter"/ https://www.vaticannews.va/content/dam/vaticannews/multimedia/2019/06/25/20190714_vangelo%20di%20domenica_Wikimedia%20Commons_Codex%20purpureus%20Rossanensis_sec.%20VI_Buon%20Samaritano_ne%20ebbe%20compassione.jpg/_jcr_content/renditions/cq5dam.thumbnail.cropped.750.422.jpeg; B: „Apostelkommunion"/https://image.jimcdn.com/app/cms/image/transf/dimension=742x10000:format=jpg/path/s32a109de121e3a0f/image/i16c39ad1b249bba8/version/1498138538/image.jpg; Exodus - „Welchen Weg ging Moses?"/ https://image.geo.de/30090924/t/zJ/v3/w960/r0/-/01-popup-jpg--329-.jpg; D: 1: Moses auf dem Berg Horeb/ Erzpriester Stamatis Skliris; 3: Israel und das „Goldene Kalb"/ https://1.bp.blogspot.com/-gOlZrboX2to/XT29buBcNDI/AAAAAAAAfYM/3YZgbW_AY5sq3_KKhI2V_55CyV8IuxygQCLcBGAs/s1600/der%2Btanz%2Bum%2Bdas%2Bgoldene%2BKalb%2BMarc%2BChagall.jpg; 6: „Vorbereitung auf das Mahl des Herrn"/ Erzpriester Stamatis Skliris; 8: „Gebot der Nächstenliebe"/ Erzpriester Stamatis Skliris

Pinnwand: „Israel in der Wüste"/ Verlag Saitis; König David/ Verlag Saitis

Bilder Lektion 8: A: 8.1: Der Prophet Elias/ https://www.pinterest.com/pin/63050463509825421/; Moses und Elias bei der Verklärung Christi/ https://z9a3v4g8.rocketcdn.me/wp-content/uploads/2010/08/1514-I-METAMORFOSI-TOY-SOTIROS-CHRISTOY.jpg; 8.2: Ein Rabe ernährt den Propheten/http://www.pravoslavie.ru/sas/image/101274/127433.p.jpg?0.000817008367908989; Der Heilige Symeon der Neue Theologe/https://de.wikipedia.org/wiki/Datei:SYMEON-icon.jpg; 8.3: Die Auferstehung des Sohnes der Witwe aus Sarepta/ https://upload.wikimedia.org/wikipedia/commons/9/9a/Icon_03051_Ilya_prorok_s_uchenikom.jpg; Der Gerechte Henoch/ http://orthodoxoiorizontes.gr/Eikonografia/Palaia_Diathikh/Dikaios_Enwx_1.htm; 8.4: Der Herr und Elias/ https://www.pemptousia.gr/wp-content/uploads/2015/06/profitis-hlias_mesa.jpg; B: „Unsterblichkeit der Seele“ – Pfauen/ Erzpriester Stamatis Skliris; Entrückung des Propheten Elias in den Himmel/ https://www.uncutmountainsupply.com/icons/of-saints/by-name/d-f/icon-of-the-fiery-ascent-of-the-holy-prophet-elijah-1el25/; D: 3: „Pluralismus“/ https://static.helpster.de/attachments/articles/icons/000/182/414/featured/125928257.jpg; 4: Elias und der Rabe/ https://i2.wp.com/fikos.gr/wp-content/uploads/2013/10/StAnthonyandtheProphetElijahdetail1-1135x900.jpg?zoom=2; 5: Der Heilige Seraphim Von Sarow und die Tiere/ https://www.orthodoxianewsagency.gr/wp-content/uploads/2019/01/yyyyyyyyyyyyyyyyyyyyyyyyyyyyyyyyyyyyyyyyyyyyyyy.jpg; 6: „Die Kirche umarmt alle Menschen“/ Erzpriester Stamatis Skliris; 8: „Sanftes Säuseln“/ https://www.pemptousia.gr/wp-content/uploads/2015/06/profits_mesa-copy.jpg

Pinnwand: Der Prophet Amos/ http://images.zeno.org/Kunstwerke/I/big/77j031b.jpg; Reichsteilung - Landkarte/ https://de.wikipedia.org/wiki/Nordreich_Israel#/media/Datei:Israel_850_aC_de.svg

Bilder Lektion 9: A: 9.1: Der Prophet Ezechiel/ https://doxologia.ro/viata-sfant/viata-sfantului-prooroc-iezechiel; „Fastenzeit“/ https://www.pontosnews.gr/files/2021/04/Vivlio-Ellinikos-Pontos-Morfes-kai-eikones-Syllogos-Pontion-Argonafton-Komninon-Christos-Dimarhou.jpg; 9.2: „Engel des Sieges“/ Erzpriester Stamatis Skliris; Die drei Freunde Daniels im Feuerofen/ http://4.bp.blogspot.com/_jPc5hebaTs8/TQrTFOtlY6I/AAAAAAAAGws/QtNP-Ckx7Kk/s1600/1217-3holyyouths.jpg; 9.3: Daniel in der Löwengrube/ https://www.pinterest.com/pin/513973376198267313/; Lukas des Evangelist/ Erzpriester Stamatis Skliris; Der Prophet Daniel/ http://www.saintesecritures.org/images/27/2.jpg; 9.4: Die Vision von Ezechiel/ http://1.bp.blogspot.com/-4YIgsF-gbQA/VMinTd-hwwI/AAAAAAAAxjc/5_OyzEhi8mM/s1600/_128.jpg; Taube/ Erzpriester Stamatis Skliris; B: „Nächstenliebe“/ https://orthodoxoiorizontes.gr/Image/Eikones_2/Elehmosunh_03.jpg; Der Ökumenische Patriarch Bartholomäos/ https://www.orthodoxianewsagency.gr/wp-content/uploads/2019/11/%CE%B1-151.jpg; Der Heilige Andreas von Kreta/ Erzpriester Stamatis Skliris; Der Prophet Jesaia/ https://svetlinatanahrama.files.wordpress.com/2017/04/18-d0b4d-18fd181d0bdd0be-d0bfd180d0bed180d0bed0ba-d0b8d181d0b0d18f.jpg; D: 1: Der Engel des Herrn/ https://i2.wp.com/orthodoxia.online/wp-content/uploads/2018/12/orthodoxia.online-219-e1576529940148.jpg?fit=810%2C465&ssl=1; 2: König Darius/ http://www.hs-augsburg.de/~harsch/graeca/Chronologia/S_ante05/Herodot/her_dare.jpg; 4: Auferstehung/ https://www.bildimpuls.de/wp-content/uploads/43-bi-Hafner-Auferstehen-701x600.jpg; 5: „Die Kirche als Hoffnung“/ Erzpriester Stamatis Skliris

Pinnwand: Der Tempel von Jerusalem als Zentrum des Lebens/ https://en.wikipedia.org/wiki/Dura-Europos_synagogue#/media/File:Herod's_Temple.jpg; „Der leidende Gottesknecht“/ Erzpriester Stamatis Skliris

Bild S. 195: „Umkehr“ - Johannes der Täufer/ Erzpriester Stamatis Skliris

Bild S. 196: Die Taufe des Herrn/ Georgios Kordis

Bild S. 198: „Der Barmherzige Vater“/ Georgios Kordis

Bild S. 200: Der Heilige Efrem von Katounakia/ Erzpiester Stamaris Skliris

Bilder Bibliothek AT: Die Patriarchen/ https://orthochristian.com/43906.html; Israel durchschreitet das Rote Meer/https://i0.wp.com/osvnews.com/wp-content/uploads/2020/01/Screen-Shot-2019-12-19-at-10.39.53-AM.jpg?w=1015&ssl=1; Exodus - „Welchen Weg ging Moses?“ – Landkarte/http://www.gutefrage.net/frage/die-israeliten-mussten-zur-strafe-40-jahre-in-der-wueste-wandern--was-war-wenn-ein-israelit-nicht-wol; Der Heilige Gideon/http://www.volkoomen.nl/heiligen/1%20september.htm; Reichsteilung – Landkarte/https://atlantischeseuropa.blogspot.com/; Der Gerechte Ezekias/ https://files.saint.gr/photos/standard/0828/DikaiosEzekias01.jpg; Babylonische Gefangenschaft/ http://sander-gaiser.de/ru/bilder/exil/; „Septuaginta“/ http://pasteur.over-blog.fr/; Geburt Christi/ Erzpriester Stamatis Skliris; „Stilleben mit Bibel“/ Vincent van Gogh/ https://commons.wikimedia.org/w/ndex.php?curid=9371252

ORTHODOXES SCHULAMT FÜR ÖSTERREICH